JN302970

苦労を分かち合い希望を見出す ひきこもり支援

―― ひきこもり経験値を活かすピア・サポート ――

田中 敦 著
レター・ポスト・フレンド相談ネットワーク

学苑社

まえがき

　ひきこもりを考えることは、自分自身の生き方を考えることであり、社会のありようを問い直すことである。今日のひきこもり支援にかかわる書籍の大半が就労自立を目指すひきこもり脱出方法論となっている。私は多くの人たちに、ひきこもり支援に必要なQ&Aのような整頓化されたひきこもり解決法の手引き書ではない、ひきこもりの苦労を知ってもらい、その揺れ動く過程そのものを理解してもらいたいと願って本稿を執筆することにした。

　したがって、本書は何か一つのひきこもり解決策を明確に提示するものにはなっていない。ともにひきこもりという課題を共有し考えていこうとするものである。なぜなら私もひきこもり者と同様にこの先々どうなるのか、どう生きていくのかという不安のなかで揺れ動く同時代を生きる仲間と思っているからである。彼らとともにこれからの新しい時代を切り開く努力を一緒に考え進んでいきたいと思っている。

　本書のなかでも触れられているが、私たちの人生とはよく旅にたとえられる。旅はときには不安定となり、立ち止まることもあるかもしれない。ひきこもりとはまさにその立ち止まった姿といえるかもしれない。旅の途中で疲れたり、苦しくなったり、何かに行き詰ったとき、私たちは「ひきこもりたい」と思うのである。そうしたひきこもり感情は誰にでもあることなのではないだろうか。

　しかしそうした立ち止まったときがたとえあったとしても、私たちはいつでもどこでも気を取り直してリカバリーしうる存在であり、それを成し遂げられる関係性は地域のなかにあるというストレングスの視点に立てば、ひきこもり者にはそうした力がすでに気が付かないところで涵養しているといえる。そしてそうした力を活かすことができるかできないかは、地域の理解が大きな影響力を及ぼすことを理解する必要があるだろう。

　ひきこもり支援とは、ひきこもり者が本来もつ力を活かす支援ができるかどうかにかかっている。いくら相談支援を拡充しても彼らの活躍できる場面を地

域に創り出していくことができなければ、本当の意味での支援とはなりえないのではないだろうか。ひきこもり者はもはや社会からお世話になるだけの存在ではない。少子高齢化と過疎化に悩む地域社会においては、唯一その地域に残る貴重な若者たちであり、新たな地域を創出する重要な担い手である。彼らの潜在化された能力を活躍できる地域と関係性を創り出し、どう顕在化していくか。これこそがこれからのひきこもり支援の重要な指標になっていくだろう。

　本書は、全7章から構成されている。まず1章では、ひきこもり者が置かれている状況を知り、ひきこもりをどうとらえるべきかを示している。2章では、よりひきこもりの理解を深めるために、事例を通したひきこもり支援のあり方を考える。3章からは、具体的な支援として、まずひきこもり者本人への支援のありようを、続く4章では、本書の主眼でもあるひきこもった経験値を活かしていく取り組みとして近年注目されてきたひきこもりピア・サポーターの可能性について問う。そして5章では、ひきこもり者同様に悩む家族支援のあり方について考察する。6章では、これからのひきこもり支援の方向性を提示しつつ、最終章の7章では、ひきこもりの解決とは何かということを問い続ける内容となっている。

　ひきこもりと一言にいってもその過程はさまざまであり、一人一様の支援が求められるが、大切なことは、ひきこもり者は多少不器用さやコミュニケーションなどに苦手意識があっても研ぎ澄まされた素晴らしい感性と社会にとって有益となりうる多彩な能力をもっている人たちである。彼らがこの激動する現代社会のなかで活躍することなく社会に埋没してしまうことは、社会の大きな損失といわねばならないだろう。そうならないためにも、本書が一人でも多くのひきこもり者やその家族、関心を寄せる支援者、地域の人たちの手元にわたりひきこもり支援を考える一つの材料として、広く活用されることを願ってやまない。

2014年 春　札幌にて　　田中　敦

目　次

まえがき　I

1章　ひきこもりから今の若者全体をとらえる … 1

1. ひきこもりの理解を求めて　1
2. 思春期から青年期へと向かう相談傾向　2
3. 不登校すべてが高校中退、ひきこもりではない　4
4. 青年期以降の若者たちの置かれている状況　7
5. 困難が内面に封じ込められるなかでの若者支援政策　14
6. 働き盛りのひきこもりの増加　17
7. ひきこもりの定義再考　24
8. 現代のひきこもりの抱える課題　26
9. 中高年ひきこもり者の悩み　29

2章　事例を通したひきこもりの理解と支援のあり方を考える …………………………………… 34

1. Eさんの手記を理解する　34
2. Eさんの手記から読み取るひきこもり支援の考察　39
3. ひきこもり支援者の心構えと言動の大切さ　43
4. 支援のうえでひきこもりをどう見極めるか　46

5 自立観を問い直す当事者性　48

3章　ひきこもり者本人を支援する　…………　50

1 支援者の役割とは何か　51
2 仲間づくりの重要性　54
3 仲間に必要な居場所支援　55
4 ひきこもり経験を活かす取り組み　59

4章　ひきこもりピア・サポーターの可能性……　61

1 ひきこもり地域拠点型アウト・リーチ支援の必要性　61
2 緩やかな手紙による介入から地域拠点型支援へ　64
3 家庭訪問とアウト・リーチ支援との相違点　65
4 メゾ・レベルによるアウト・リーチ支援の有効性　67
5 ひきこもりピア・サポーターの視点と役割　69
6 リカバリー・ストレングス・レジリアンスの視点　72
7 ピアな視点がもたらす問題解決に適した介入方法　75
8 サテライト事業の利点とは何か　76
9 サテライト事業から個別訪問支援へとつなぐ　79
10 ひきこもり者の主体的な活動の可能性　84

5章　家族支援を考える　……………………………… 91

1. ワンストップ型総合相談窓口の活用　91
2. ひきこもり者への家族対応　94
3. 待つことの意味　95
4. 重層化する親子感情の理解　98
5. 家族に求められるひきこもり者への対応　103
6. ひきこもりに求められる自立観とは何か　106
7. 家族支援のポイント　108
8. 家族支援における父親の役割　112

6章　希望を見出すひきこもり支援　……………… 115

1. ひきこもりの総合支援体制の必要性　115
2. ひきこもりの課題とICFにおける理解　118
3. ひきこもり支援とICFにおける理解　120
4. ひきこもり支援に必要な実践哲学　122
5. ひきこもりが問うこれからの生き方　127
6. 親亡き後のひきこもり者の生き方を考える　130
7. 広がる中間的労働の仕組み　134

7章　ひきこもりの解決とは何か ……………… 138

コラム

コラム1　不登校とひきこもりが意味するもの　6
コラム2　ひきこもり者の働くことと働き方　23
コラム3　ひきこもり者のシェア・ハウスを考える　31
コラム4　期待されるひきこもり当事者会活動　58
コラム5　ひきこもりサポーター養成研修・派遣事業　88
コラム6　やってみよう、工夫してみよう家族支援　113
コラム7　ひきこもり者の芸術的なセンスをのばす　136
コラム8　緩やかなネットワークの構築　141

引用参考文献　143
あとがき　147
著者紹介　149

装丁　青江隆一郎
カバーイラスト　高津達弘

1章 ひきこもりから今の若者全体をとらえる

1 ひきこもりの理解を求めて

　ひきこもりが広く社会に知られるようになってきたが、まだまだひきこもりに対する誤解も少なくない。マスメディアによく登場するイメージ画像のように、ひきこもりがどこか作為的につくられていく側面がある。今なお、「ひきこもり者は家にいて何もしていない怠けもの」「ひきこもり者はそれを許す家族がいるからひきこもっている」という見方が社会のなかに根強くあるように思われる。

　しかし実際は、ひきこもり者は外見上家にいて何もしていないように見えても、頭のなかではさまざまなことを思い巡らせ、深く考え込む精神活動を続けている。それは外で働く人たちが心身のエネルギーを使うのと同じように、彼らはひきこもらざるをえないことにエネルギーを費やし、悩んだ末に留まり続ける一つの状態ともいえるのである。

　また、彼らを支える家族も、ひきこもるわが子にどう対峙すればいいのか日々悩み模索する姿が見られる。決してそのまま放置しているわけではなく、家族だけでは、どうすることもできないもどかしさから苦悩し続ける現実がそこには見られるのである。

　こうした世間から発せられるどこか歪曲した言われもないひきこもりに対する誤解を少しでも本書を通して払拭することはできないものだろうか。

　そして、ひきこもりとは一つの社会現象であるがゆえに、その見方、とらえ方、考え方は人々によってさまざまであるといえよう。ここでは、そうしたさ

まざまなとらえ方、考え方がなされてきたひきこもりについて、一つの定説があるわけではないということを前提のうえで、ひきこもりとは改めて何か、そしてひきこもり支援に必要なものはいったい何か、ということを可能な限りひきこもり者の目線で書き進めながら読者の人たちと一緒に考えていく、そんな機会になることができないだろうか、と思っている。

ひきこもりは自分には関係ないこと、わが家にはそんな若者はいない、と無関心ではいられない状況が現在の社会のなかで起こっている。ひきこもりをどこか遠いところの存在としてではなく、身近な課題として、そして自分自身の課題としてみていくことは大切ではないだろうか。つまり、そこにはひきこもりという一つの社会現象を通して今の若者全体や社会のありようを考え、理解していくことにほかならない。

2 思春期から青年期へと向かう相談傾向

さて、ひきこもり支援にかかわるようになったきっかけから述べてみよう。私はもともと内気で周囲になかなかとけ込めなかった幼児期からはじまる。父親の仕事の関係で転校が多く思春期に受けたいじめによって派生した不登校・ひきこもりを経験し、高校受験の失敗と中学浪人生活を送った。青年期も転職を繰り返し苦労が多かったが、そうした貴重な経験すべてが今日のひきこもり支援につながっているといえるだろう。

私は社会福祉学科の大学を卒業して3年間勤めた福祉団体の事務員を1992年に退職し、大学の研究生になった。たまたま新聞紙上でみつけた、高校中退110番全国ネットワークの団体を知り、岡山県にあった代表者に電話をかけ、このボランティア団体にかかわることになったことが活動をはじめたきっかけである。

そのころ、電話相談の主流は、高校中退に結びつきやすい学校内でのいじめであったり、そこから派生する対人不安や不登校であったり、高校中退後の生き方や進路問題であったりしたのである。マスコミにこの活動のことが報道されると一日に数十件の電話が鳴るという日々が続いていたが、そのなかでいく

つかの課題が見えてくるようになった。

　その一つが、電話では相談できない若者たちがいる、ということである。電話が鳴って受話器をとっても無言のままの状態が続く、あるいはすぐに電話が切れてしまうケースもあった。電話とは異なるツールとしての相談チャンネルが必要ではないか、そう思いはじめ、現在の活動基盤となったレターという手紙や電子メールで相談を受ける団体を新たに立ち上げることにしたのである。

　活動を開始したときは、不登校で在宅状態にある高校生ぐらいまでの思春期の若者たちの相談が多かったが、次第に20歳を超えた若者からの相談が多くなり、とりわけ大学生からの相談が寄せられるようになった。

　2000年代に入って、精神科医の町沢静夫が提唱したランチメート症候群と呼ばれる一人で学生食堂やファミレスを利用できない若者たちが顕在化し、食事を一人でとることに対する不安感を抱く大学生たちがクローズアップしていた。彼らのなかには一人で食事をとれない自己を責め、こんな自分では就職もできないとひきこもりに陥る若者たちもいた。

　大学の学生食堂によっては仲間がいなくても相席をせずに一人で安心して食事ができる空間の工夫も試みられてきたが、空教室で一人寂しく食事をとったりするケースが課題となっていた。

　また、大学生のなかには、親元を離れてはじめて一人暮らしをする若者たちや大学サークル未加者が増加し、大学で学ぶ意義が見出せないまま中退してしまうケースなどもあって、高校までとは異なる大学の自由さが逆に不自由な場になっている実情が明らかになっていた。首都圏を中心に大学生不登校の親の会がつくられたのもこのころである。

　さらにこれらに加えて、労働や雇用を取り巻く社会状況が大きく変化していくなかで学校は卒業したけれども行き場がない、就職したけれども対人関係などの不安で早期退職してしまったなど、社会のなかで生きにくさを感じる若者の相談が次第に顕在化していったのである。

　このことは、私たちの取り組みだけではなく、今全国の不登校などの思春期を中心としてきた支援団体や家族会にも同様な傾向があることが見て取れる。

また、北海道内だけをとらえても不登校の家族会や発達障害の家族会に参加する多くの親たちの子どもはすでに青年期を迎えている。ある発達障害の家族会では、全会員を占める約6割が青年期の若者となっているケースもみられる。

　なにゆえこのように相談が思春期から青年期へとその傾向がシフトしていくのか、その背景を知ることは大切ではないだろうか。そのことを明らかにしていく必要があろう。

❸ 不登校すべてが高校中退、ひきこもりではない

　だが、相談が青年期にシフトするからといって、これまでの思春期の相談がまったくなくなったというわけではない。思春期には今なお、いじめの問題や不登校、高校中退の根の深い問題が横たわっている。そこには、これまでにはない家庭の貧困問題があり、経済的な格差は子どもたちの学びや生活、生きにくさに大きな影響を及ぼしていることは確かである。今、全国各地で生活困窮者の自立支援策として子どもの貧困が取り沙汰され、無償でこれら生活困窮世帯の子どもに勉強を教える取り組みが始まっている。貧困は世代を超えて再生産し、継承されてはならないものであって、誰もが希望と可能性を見出すことができるよう、チャンスが平等に開かれる社会であることが必要であろう。そうした意味において、思春期に対する相談支援は今後とも続けていかねばならない。

　また、思春期の発達成長には、多様な学びの場が選択肢として用意することも重要である。不登校や高校中退などが大きな社会問題になってきた背景には、個人の要因だけではなく、公教育の行き詰まりや教育制度疲労があることも事実であろう。

　このことを証明する手掛かりとして、2011年度から実施中の国立教育政策研究所が行なった「公立高等学校の中途退学発生プロセスについての調査研究（中間報告）」は参考となる。A県で2011年度に入学した公立高等学校生全員を対象に行なった本調査では、中学3年時に年間30日以上の欠席者を「不登校群」、15日〜

29日を「準不登校群」、5日～14日を「中間群」、0日～4日を「精勤群」と定義し、調査を進めたところ、「不登校群」の生徒のほうが圧倒的に多くなっている。

しかし、「不登校群」及び「準不登校群」の各中退者数に占める月別の中退者の割合を見ると、4月はいずれも中退率は0％、5月は不登校群が7.0％、準不登校群が5.9％で、不登校群のほうが中退率は高いものの、6月になると不登校群が各5.6％に対して準不登校群は8.8％と逆転。さらに7月も「不登校群」と「準不登校群」が各5.6％、11.8％、9月も各7.0％、8.8％、続く10月も各15.5％、20.6％となっており、5月から10月までの期間は8月を除いていずれの月も「不登校群」より「準不登校群」のほうが中退率は高くなっている。つまり、中学3年時に不登校だった生徒よりも、不登校まではいかないグレーゾーンの準不登校の生徒のほうが、高校に入学してから早期に中退する割合が高いことが明らかになっている。

この調査結果は、これまでの不登校経験が高校中退に直結しやすいという傾向に注意を向けるものである。むしろ不登校の問題性ばかりに目が向けられていったために他の生徒のことが見落とされていたことが予想されるとすれば、不登校イコール高校中退、さらには不登校イコールひきこもりという図式を見直すことを私たちに迫るものであるといえないだろうか。こうして公教育にあらゆる子どもの最善の利益を求めていくことに限界があるとするならば、多様な教育の選択肢が用意されて久しい。

その意味で、これまでの公教育だけではなくオルタナティブなフリースクールなどの新たな学びの場がさらに厚みを増していくことが求められている。フリースクールという多様な学びの場を通して子どもたちが元気になり社会に巣立っていく姿が多く見られる。フリースクールで学ぶ子どもに対しての出席日数や補助金などの教育配慮は一昔と比較すれば進んだと思われるが、公教育に行けない子どものフリースクールに通う授業料などの経費はまだまだ保護者の自己負担によって賄われており、家計を圧迫している。またそこで働く教育スタッフの処遇も教育職としてしっかりとしたものになっているとは言い難い。こうした不公平を是正していくフリースクールへの公的支援を求める運動も地

域で巻き起こっている。

　また、学童保育のような創造性豊かな遊びを通した子どもたちの健全育成の取り組みをはじめ、発達障害や不登校の子どもへの特別支援教育活動に見るように重度な障害をもつ子どもというこれまでの特殊教育観の転換は、手厚いきめ細かな教育を保障し実現していこうとするきっかけとして見ていくことも必要であろう。こうした思春期における支援の広がりを今日さまざまな領域で見ることができるのである。

1 コラム　不登校とひきこもりが意味するもの

　不登校すべてがひきこもりに直結するということはありえない。英語では、hikikomoriと標記し世界共通用語のようであるが、元来ひきこもりは撤退（withdrawal）の意味として理解されている。不登校もいわば学校からの撤退として、広義のひきこもりとなりうる。広義のひきこもりには、学校にはいけないけれど、図書館やフリースペースなどには行くことができるという若者もいるし、家庭からほとんど外出しない若者もいる。そのようにとらえていけば、ひきこもりそのものが広範囲なものであることを理解することができよう。

　一方、ひきこもりもまた社会的ひきこもりと表記されることがあるように、社会からの撤退と理解されることがある。その意味で不登校とひきこもりは、身を引く対象が学校か社会かのおもむきの相違として見られやすい。

　しかし、今日のひきこもりは単純に学校か社会かの次元ではとらえることができないものを内包している。たとえば、過剰適応の名のもとのひきこもりがそれである。家庭にいるよりは学校や会社にいるほうがどこか落ち着くという若者たちの存在は、私たちを取り囲む漠然とした不安感をかもしだすかのような一つの現れとも見て取れる。いつ解雇されるか、将来はどうなっているのかわからないという不安感はたとえ理不尽な状況下であっても適応し続けることを示す。自室にひきこもるように学校や会社にひきこもらざるをえないこの現実を私たちはどうとらえるべきであろうか。

私たちはとかく学校不適応や社会不適応という適応できないことに一つの問題性を見出す傾向があるが、適応し過ぎている問題についてはあまり問題視されにくいところがある。人よりも身を削って長く学び働き続ける若者たちは信用できるという社会風潮がそうさせるのだろうか。適応にも陰りが見えてきた昨今、適応性のなかにある問題にもっと目を向けていかないと私たちのなかにある本来のひきこもりの姿は見えてこないのではなかろうか。

　さらに、不登校とひきこもりで課題になりやすいのが、不登校・ひきこもりであり続けることによる社会的不利益である。具体的には学ぶ権利や職業選択の幅などにみる制限や制約の課題である。不登校とひきこもりがすでにどの年代層において誰にでも起こりえるものであり、その存在そのものが否定されないものであるならば、その後の社会的不利益をなくしていく努力が行なわれていかねばならない。

4　青年期以降の若者たちの置かれている状況

　しかしその一方で私たちは、すでに年齢的に青年期を過ぎ成人期に達した若者たちのことも見落としてはならないのである。今成人期に達した若者たちのなかにひきこもりがどうして登場してくるのかについてはいくつかの諸要因が考えられるのである。

　このことを理解するために、まず次の図1を見ていただきたい。これはいわゆる成人期に達した若者たちとひきこもりを取り巻く労働環境を示したものである。大別して今、社会のなかでひきこもりを含めた多くの若者たちは、労働という軸でとらえた場合、働き方としての横軸と、キャリアラダー（キャリアの階段）としての縦軸の渦中のなかに置かれている。中間領域が停滞し働きたくても働けない若者たち、自ら働くことから身を引いている若者たちと働き過ぎている若者たち、という横軸と縦軸としてのいつまでたってもキャリア形成

できずに不安定な労働に従事を余儀なくされている若者たちや高度な専門職を目指して専門知識や技術による高等教育を受けてきたにもかかわらず揺れ動く若者たちの両極な状況に置かれている。

今日の労働の仕組みは、正規労働と非正規労働に分断された社会から正規・非正規の境目があいまいになってきた社会へと移り変わってきている。もはや正規労働のほうが良い、非正規労働のほうが悪いという二者択一ではとらえきれない課題を内包している。それは多くの正規労働に携わっている若者たちが、見るからに身を削って自分のキャパシティを超えてまで社会の歯車のように心身に鞭打って働く現実がある。

私たちの当事者会に参加するある若者は「今の労働現場では、上から言われた仕事をただこなせば良いという状況ではない。会社組織の将来は安泰ではなく、歪みが露呈している」と、心の内を語り続けている。どの若者たちに聞い

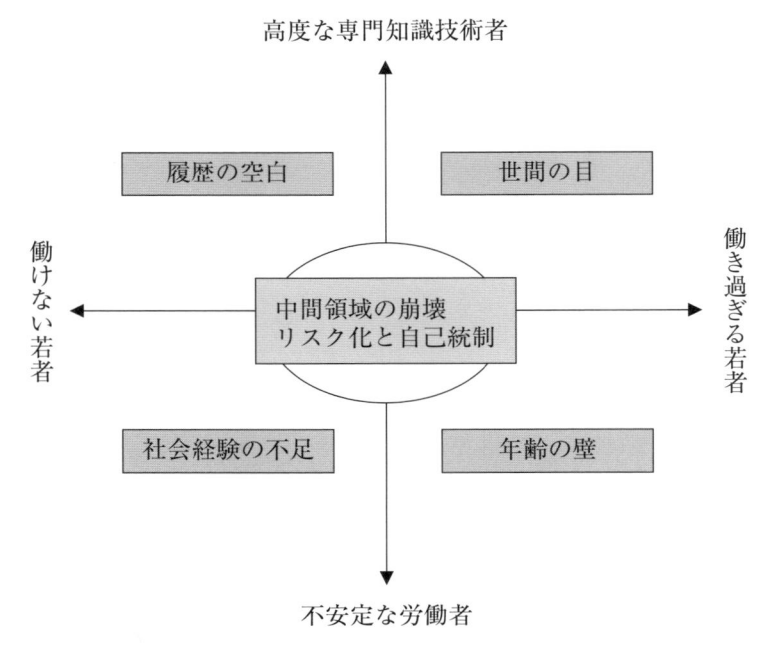

図1　社会の二極化現象がもたらす若者とひきこもりの理解

ても今の働き方に少なからず「楽ではない大変である」という回答がえられる事実は、常に緊張を強いられ、自分が社会から脱落しないために働き過ぎても働かざるをえないという何か強迫観念にかられているようにさえ思える。

　詳しく後述することになるが、私たちはNPO活動のなかで35歳前後の中高年ひきこもり者が自由に集まることができる「SANGO（サンゴ）の会」を運営している。そこには多様な若者たちが参加するようになっているが、近年正規労働者もそこに参加する姿がある。一見世間からすれば、報酬や賞与も得て経済的にも自立している彼らがなぜ、ひきこもりと呼ばれる集まりに参加するのか。そこには正規労働者もその雇用形態が多様化し、基幹型の正社員と周縁型の正社員にまで細分化され、近年では人間があたかも商品かのような限定正社員なるものまで登場している。ひきこもり者と正規労働者との間にはもはや大差がない若者たちが共通して抱える不安感や悩みがあることをここでは意味しているのである。

　当事者会に参加し続ける正規労働者の若者たちによってよく語られる心の内にあるものは「自分はいつ首になるかわからない」「このままずっと働き続けることができるのか」「将来に展望が見えない」という先の見えない漠然とした不安感なのである。

　こうした漠然とした不安感とキャパシティを超える働き方で心身に過重な負担を強いることにつながっている。図1にみるように「ほどほどに働き、緩やかにキャリアを形成しながらやっていくことができる」という中間領域としての「フツウ」ということが半ば崩壊し、厳しい両極端な労働環境のなかで、常に心身のバランスを崩さないようセルフ・コントロール（自己統制）しつつ、新たな仕事としてのリスクを背負っていかないと、いつ社会から脱落してしまうかわからない、そんな不安感を常に抱いているのである。

　「出来て当たり前、やって当然」がまかり通り、「新たな課題を背負い常に新しいことにチャレンジすることが良し」とする風潮が社会の間に漂っている。正規労働者の若者たちからは「ひきこもれる人がうらやましい」という声が聞こえてくる。

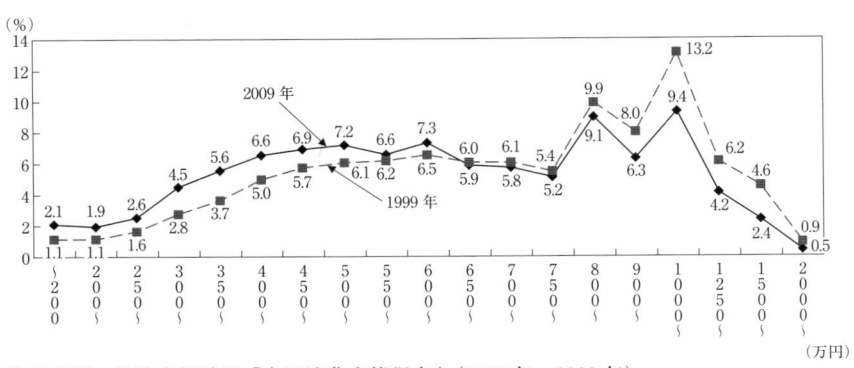

表1　年間収入の分布の比較（1999年と2009年）

資料出所　総務省統計局「全国消費実態調査」（1999年、2009年）
　　　　（注）対象世帯は二人以上の勤労者世帯

　さらに、こうした中間領域の崩壊は、これまで見てきた労働の軸だけではなく、所得という軸からも見て取れる。たとえば、表1に示すように、平成24年版労働経済の分析（労働経済白書）においても、過去1999年と2009年との年間収入の分布の比較は年収650万円を境にして所得格差が両極端に広がりを見せ、いわば中間領域の伸び悩みから「フツウ」に暮らせる「分厚い中間層の復活に向けた課題」が提示されていることからも理解できるだろう。

　では、非正規労働の若者たちはどうであろうか。いったんキャリアのレールから外れると再び正規のレールに乗ることが困難な社会になっている。非正規労働者は単純な仕事をいつまでも渡り歩くためにキャリアとしての階段を昇っていくことができないことだけに留まらない。食いつなぐために複数の仕事を掛け持ちしている若者たちも多い。そして近年の非正規労働者は、正規労働者との比較において仕事内容的には大差はなく、身分保障としての雇用形態のみが異なるだけで同様な仕事を正規労働者とともに同じ職場内で課せられていることも少なくない。そうした関係性の現実は職場内の人間関係に微妙な人間構図や社会的な差別と排除という屈辱的な体験を生み出し、そうした経験の蓄積は人間の感情面での怒りや憎しみとしての感情爆発をつくりだすことさえあ

る。

　私たちの当事者会に参加するある若者は、ひきこもり経験があっても採用してくれた職場に希望をもって働いてきたという。その努力の甲斐もあって職場にも一定の成果を生み出すまでになっていた。しかし常に変化する職場環境は上司や職員が入れ替わるなかで、人間構図もまた変化し職場の雰囲気は一変したという。自分の仕事に対する厳しい評価がつくりだされていくなかでその責任と姿勢を迫られ、その職場に居づらい状況をつくりだし離職せざるをえなくなったという。自分ではもっと働きたい、仕事を続けたいと思っても周囲の状況によって離職に追い込まれ、期限付きを理由に契約が打ち切られてしまう。次がなければそのまま若者たちは無職になってしまう。もはや非正規と無職は表裏一体的な綱渡り的なものといってもいいかもしれない。

　また、高度な専門知識や技術を身につけた若者たちもまた、高学歴ワーキングプアに悩まされている。国の施策で大学院が増設され1990年代大学院に進学する割合が上昇してきた。その結果、学位を取得しても研究職としてのポストの受け入れ先がない、ミスマッチングが生じている。高度な専門知識や技術があれば、若者たちの先々はバラ色かといえばそうではあるまい。逆に学位が障壁となって職業選択肢の幅を小さくしてしまうことも起こりえるのである。

　このことは職業訓練としての資格取得と呼ばれるものについても同様である。就職に有利であろうあらゆる資格を取得しても、器用貧乏となってしまい、実務としての経験獲得が伴わないと現場では役に立たないと見なされやすい。資格はあくまでも採用前提の専門職としての基本ラインに過ぎず、資格取得は専門職へのスタートラインであると理解していけば、資格取得イコール専門職とはなりえない。そこには結果的に幅広い現場経験と実績が伴わないと職業としての社会が求める即戦力にはなりえない側面をもっているのである。またこれにつけ加え、高度な専門職になればなるほど複雑な対人スキルとコミュニケートが求められる。こうした複雑さをはらむ人間関係と予期せぬ指示や対処能力はひきこもり者や発達障害などの社会的に不利益のある若者たちはえてして苦手とするところであり、資格取得のみでは就労自立することの難しさをはらむこ

とになっている。

　こうして、現代社会のなかにいる若者たちは、働き過ぎる若者たちと働きたくても働けない、あるいは自ら働かないことで自分自身を守る若者たちと、いつまでたっても不安定な労働者として働き続けキャリアラダーしていくことができないまま加齢していく若者たちと高度な専門職のなかで揺れ動き社会をさまよい続けなくてはならない若者たちがいるなかで、今青年期以降のひきこもりという一つの現象が起こっているのである。

　ひきこもり支援の方向性は、なんとか自宅から社会に出て就労自立することであると世間一般では言われているが、このような労働の実態のなかでは果たして希望をもって就労自立へと向かうエネルギーをつくりだしていくことはできるのだろうか。労働は地獄とする雰囲気が若者たちの第一歩を揺るがす要因となっている。本来の労働の意図とは、労働は地獄ではなく、働く喜びをもつ可能性あるものではなかったか。見失ったかのように若者たちを取り巻く労働地獄という雰囲気を転換し、希望を取り戻す働き方が必要であろう。

　また、たとえ就労を実現し一見自立したように見えても「見せかけ就労」ではせっかく果たした就労もすぐに離職してしまい、再びひきこもりになってしまう若者もいる。こうしたことを考えていけば、もう少しひきこもり支援の可能となる目標設定値を就労自立のみで狭くとらえない方向性が求められているといえるだろう。

　まして図1に示してきたように、ひきこもりはこうした若者たちの置かれた労働環境に加えて、これに追い打ちをかけるように「履歴の空白」「社会経験の不足」「年齢の壁」「世間の目」に主として悩まされている。自立へ進むにあたって立ちはだかる複合的に絡み合う大きな課題である。それぞれ簡潔に述べてみよう。

　「履歴の空白」とは、たとえば学校は卒業したけれども自分には社会に通用する職業経験がほとんどないという負い目である。アルバイト経験もないというひきこもり者は、ある程度就労経験のある若者たちのことを強く意識してしまう。それがまた自己の負い目を膨らませることになるケースもある。人生と

いうものは、経歴を問わずいつでもやり直しができるものであるはずなのに、「履歴の空白」に象徴されるような、やり直しを認めない社会側の要因でもある。多くの就職支援マニュアルにはひきこもり者の不安を高めてしまう「履歴の空白」をネガティブにとらえる記述が見られる。教育機関で長年キャリア教育を担当してきた人たちからは、就労に際して「履歴に切れ目があると事態は異なる」との指摘が多く見られる。

「社会経験の不足」とは、単に職業の経験がないということを意味しない。自分自身にできないことがあると、それはこれまで積み重ねてきた対人関係の少なさや社会的なスキルの習得が他の若者たちと同等のものがないことが原因だと悩まされることを指す。

「年齢の壁」とは、ひきこもりが高年齢化することや、無職の期間が増大することによってますます社会から自分が取り残されていくのではないかという不安感である。ひきこもりのなかで、とくに意識されるのが、この「年齢」である。職業選択に際しても、さまざまな場面で年齢による差別が行なわれているのは、わが国特有のものである。（玄番まみ、2005年）

年齢については、依然としてわが国に根強くある区分として、就労・雇用に際して位置づけられている一種の差別要因である。ひきこもりのような就労経験の少ない若者たちを無視した国家戦略室フロンティア会議が提唱した40歳定年制度などもその具体例であるといえよう。

「世間の目」とは、自分の現在のありようが世間からどう見られるかという恐れである。とくにこうした恐れは、自分をよく知っていて普段から交流のある親密な関係性のある他者やまったく面識のない一度も会ったことのない不特定多数者というよりは、自分の過去とのかかわりで顔や名前を知っている人、具体的には身近な親族や学校時代の友人、地域の知り合いに漠然とした不安感を抱くことを示す。自分の住居から離れるときに知っている人がいないか、そういった人と外出中に会いやしないか慎重に様子をうかがいながら行動する若者たちや、自分の居住地から離れたところにできるだけ活動の場を求めていく若者たちの姿がある。ひきこもり者が一番嫌な用事に、「お盆」「クリスマス」

「正月」「同窓会」「結婚式」などがある。こうした場面では先に示した親戚縁者や同級生などと出会う機会が多くなるので距離を置きたくなる心境になり、自室ひきこもりに陥りやすい。

5 困難が内面に封じ込められるなかでの若者支援政策

　人間の発達とは、これまではある年齢に達するとその後は衰退期という言葉に表現されるように降りてゆくものだと考えられてきたが、今日では、どの年齢層であっても個人差はあるにせよ発達成長する可能性を秘めた存在であるという認識にたっている。だとすれば、ひきこもり者もどんな年齢であっても経歴や性別問わず立ちはだかる課題を自らの課題としてとらえ主体的にさまざまな人たちの支えを得ながら乗り越えていくことができる存在としてみていくことが大切であり、そうした乗り越えていくための協同作業を支援の枠組みのなかでつくりだすことが求められる。

　その意味において、ひきこもり支援とは目先の就労自立を最終的な到達点とする支援ではないだろう。それぞれの自立に至るプロセスに着眼し、そのプロセス内で展開される彼らの失われてきた人間としての尊厳を回復し、この厳しい社会のなかであっても自分でも何か社会のなかで役立つことがある、やりたいことがあるという自己を形成する必要がある。そして仲間と一緒に苦労と喜びを分かち合い、やりがいを実感し、一つのことをどんな些細な小さな事柄であってもやり遂げたという達成感を共有できる仲間づくりを通した幅広い支援が求められる。私たちは、ひきこもりに理解ある人たちとどれだけ地域のなかでつながり、多様な若者たちを受け入れられる社会をつくりだしていくかということを実践のなかで行なっていかねばならないところに、今日のニート支援や若年層をターゲットとした就労自立支援だけでは対応できない広範囲な支援の視点が必要であることを理解せねばならないだろう。

　したがって、ひきこもり支援を理解し進めるにあたっては、現代社会に置かれた深い若者理解をなくしてはやはり語ることはできないだろう。先に見てき

たとおり若者たちを取り巻く労働環境が厳しくなればなるほど、希望のない（hopeless）状態へと若者が追いつめられ、社会的に解決する展望が見出せないまま、その困難はますます個々人の内面のなかに封じ込められていくのである。

　しかし内面に封じ込められることにも人間としての一定の限度が生まれる。当然として若者のなかには突如として感情爆発する若者たちが現れることも確かである。このように内面に封じ込められやすい、ひきこもりの傾向を推測していけば、今日のひきこもり支援は、若者支援のなかでも中核に据えて支援を行なっていかなければならない。私たちはひきこもり支援と若者支援とを完全に切り離すものではないにしても、多様な若者たちの対応に追われ、中核であるひきこもり支援が置き去りにならないように注視し、また後回しにならないように努めていかねばならないだろう。

　というのも、ひきこもり者は不安が幾重にも重なり自身の心の内を表明することが難しいため、これまで社会に対してとかく自己の意見表明があまり活発になされてこなかった。また、ひきこもり者自身が自己に内在する思いをしっかりと周囲に表出することなく、社会的なひきこもり支援策が進められてしまった。そのことを改めて振り返る必要があろう。

　これまでのひきこもり支援を回顧すれば、ひきこもりの定義そのものが障害名や病気と異なる現象として理解されてきたがゆえに、その時代の動向によって翻弄されてきた側面があったことも否定できない。

　たとえば2004年以降ニート（Not in Education, Employment or Training）が登場しはじめ、ひきこもりがニートに次第に包含される形となる。2003年に国が策定した「若者自立・挑戦プラン」の中心的施策「ジョブカフェ事業」をはじめ、すでに事業仕分けで廃止された3か月合宿型訓練施設「若者自立塾」や「地域若者サポート・ステーション」を中心とするニート対策として就労支援事業がメインになってしまったこともその一つである。就労支援とは、社会に出ることに不安を抱く若者たちの背中を少しだけ押してあげれば就労にたどり着くキャリア支援策のことを意味する。だから就労意識のある若者たちには有

効であったとしても、就労することがまだ難しい若者たちやその意思表明ができない若者たちへの対応がどうしても後回しになってしまったのである。

　また、2004年には「発達障害者支援法」が法制化し、翌年の2005年から施行されると、ひきこもりの背後にある発達障害との関連でひきこもりが指摘されるようなった。その支援のおもむきはひきこもりから発達障害へとシフトし、発達障害の医学的診断ありきが優先されてしまったこともう一つの動きとして挙げられる。

　もちろん、こうした医学的診断によって自己のこれまでのありように納得でき、これからの歩み方を見極めることができた若者たちもいることも確かである。しかし他方では事あるたびにその原因を発達障害に求め、表面化する問題行動のみを指して発達障害と括られることも散見されている。こうした医学的診断があるか否かという判断よりもむしろどの若者も排除されないことを目的に、発達障害を表面に見える問題行動の課題としてみないことが大切である。「みんなと同じようにできるようになりたい、仲良くなりたい」という当事者の思いを汲み取った学習課題として認識し、可能性ある若者としてどのようにして社会とつながり、社会の一員として生きていけばよいのかという視点がどこかに頓挫されてはならないだろう。

　発達障害者とはそもそも社会に広がる以前から存在していたわけで、それが今日大きな社会問題とならざるをえないことを無視して、その原因を本人の脳機能の生まれながらにもつ要因に求めていっても、彼らに社会からの疎外感をますます強め、苦しめることになりやしないだろうか。

　精神科医の青木省三は、「1990年代から職場に導入されるようになった効率志向や成果主義はそれまでの仕事のなかにあった遊びやゆとりを奪い、自分なりの仕事のペースや手順に変更を余儀なくさせてきた。そのため発達障害の真面目さはこだわりとなり、黙々と働くことは社会性の障害やコミュニケーションの障害となり、矢継ぎ早の予測できない指示や変化はパニックを引き起こしやすくしているのではないか」と述べている。青木省三が述べるように発達障害の課題が本人の要因というよりは若者が取り巻く社会の環境変化によって障

害というものをつくりだしているとするならば、社会がもっと関心と理解を示し歩み寄るスタイル、「お互い一緒にやって行きましょう」という姿勢を求めていくことが必要ではないだろうか。

そのために、私たちはひきこもる彼らの意見表明を表出できる場面を社会のなかにつくりだし、彼らの考えや意見を汲み取る仕組みをつくることが何よりも重要となるだろう。そのための接点としてSNSなど彼らの無理のないツールによる接触場面を通して、ひきこもり支援施策にひきこもり者自らの意見を反映させることが、これまでのひきこもり支援施策とのミスマッチングを極力なくしていく一つの方策となりうるのではないか、と考えている。

つまり、ひきこもり者と支援者の両者が協同的に参画し、ひきこもり支援策を考えていくということである。ひきこもり者にすべてを丸投げして任せるのではなく、また支援する側の独断と偏見で施策を決定判断するものではなく、パートナーシップとしてひきこもりの課題と支援の方策を検討する作業を進めることにほかならないのである。

6　働き盛りのひきこもりの増加

さて、もう少しひきこもり支援を理解するために必要とされる若者理解を深めてみよう。この十数年のなかでひきこもり者と若者を取り巻く状況、実態は大きく変化した。その一つが、就労経験のあるひきこもり者が増大したことである。これはかつて想定しえなかった一つの現れとして理解することができるだろう。

精神科医の斎藤環は、1998年に出版した著書「社会的ひきこもり」のなかで、「アルバイト以外の就労経験を持つ事例はほとんどない」と述べている。（斎藤環、1998年）

ひきこもりの多くは不登校の長期化や無業状態からのものと理解され、その当時には仕事に就いている若者たちがこれほどまでにひきこもりになるとは考えられなかったのである。しかしこれまで見てきたようにひきこもりと若者を

表2　社会的孤立の状況

友人・同僚・その他宗教・スポーツ文化グループの人との付き合い
■ めったに付き合わない　■ 全く付き合わない

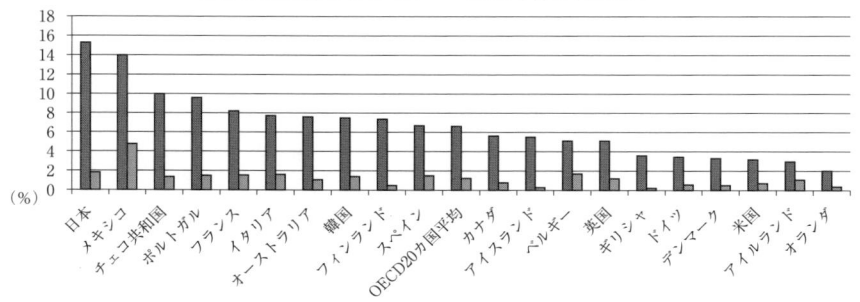

資料：OECD, Society at a Glance 2005-OECD Social Indicators（2005）

取り巻く労働環境は大きく変化し、労働現場が厳しくなればなるほど、就労経験のあるひきこもり者が生み出されている。

　表2に見るようにOECD（経済開発協力機構）が行なった調査結果によると日本は社会的孤立度が諸外国と比較してもっとも高く、こうした社会的孤立になりやすい文化や人生の軌道修正がしにくい社会の現状を示しており、これらを現在のひきこもりに加味していくことが求められている。

　近年、私たちNPOが運営するひきこもり者の集まり「SANGO（サンゴ）の会」にも就労経験のある若者たちが多く参加するようになった。彼らからは、「家族と一緒にいる時間より職場にいる時間の方が長い」「学生時代の友人とはここ数年疎遠になりがち」「両親やきょうだいとは離れて暮らす」「気がついたら社会的に孤立していた」そんなケースが見られる。2010年には、私たちNPOなどの活動をルポルタージュ化して報道された「働き盛りのひきこもり」がクローズアップされた。「無縁社会」では、会社を辞めて、突然ひきこもりになるケースが増え、会社を通じて形成された「社縁」を失い、いったんひきこもりになると、とくに男性の場合、社会との接点をなくしてしまう傾向にあることを伝えている。（NHK「無縁社会プロジェクト」取材班、2010年）

　いくつかそうした事例を紹介しながら就労経験のあるひきこもりについて考え

てみよう。なお、個人が特定されないように内容を改変してある。

【過重労働から離職しひきこもりになった事例】

2013年4月、A町に住む30代の一人暮らしをしていた男性ひきこもり者Aさんが「生きているのが嫌になった」とアパートの管理人宛にこれまでのお礼と家賃滞納にかかわる謝罪の置き手紙を残し忽然と姿を消した。

毎月支払われる家賃が数か月にわたり滞納し、アパートの家賃が納入されないこと、また家族には金融機関から借り入れた100万円の借金の明細書等が送られてきたことから、経済的にも困窮し追い込まれていった末であると理解した。

遡れば、Aさんの家族と知り合いになったのは、Aさんが行方不明後に行なわれたひきこもりシンポジウムでのことだった。参加していた70歳の高齢になる父親が発表者である私たちNPOに対して次のように質問された。その父親からは「行政機関に相談しても若い相談員からは『訪問支援はできない』『支援するNPOなどの民間団体はわからない、自分でインターネットで調べてください』と突き放すような対応しかしてくれなかったことをどう思われるか」との内容だった。

インターネットで家族が調べた地元のひきこもり支援団体に問い合わせ、ひきこもり者を支援する代表者に相談、その担当者の訪問支援活動が開始されるが、ドア越しから繰り返される声かけ、ドアを開けさせようする引き出し手法にキレたAさんからは「近所迷惑にもなるからしつこい訪問支援は止めてほしい」とする手紙が家族に送られてきた。それからは親子の関係性が悪化、これによりこの団体からの支援を打ちきり、その後シンポジウムを契機に私たちNPOと知り合うことになった。

ここ5年間ほどは家族もわが子の顔を見たことがなく、ときたま街中を歩いていると自分の息子ではないかと錯覚することもあると語る母親は心身ともに疲れ果てていた。また父親は2012年の健康診断で発見された癌の手術を行なうことになり、一時は合併症にて意識不明状態にまで陥ってしまっていた。中小企業の会社経営を切り盛りしていた父親がこの病で仕事ができなくなり、収入

が激減、預貯金等を切り崩して立て直しを図る策を講じたが、長くひきこもっている一人暮らしの息子に仕送りできるほどの余裕はなかった。

　これまでＡさんには唯一接触があったアパートの管理人を通して連絡を行なってきたが、こじれた親子関係と頑なに閉ざした心を開くまでには至らなかった。この間、管理人がＡさんに対して家賃の支払いに来たときにできる限り声かけをしたり、果物を差し上げたりしてかかわりをもち、ときには「大病した父親の力になってくれないだろうか」と伝えたこともあったが、「自分には譲れないものがある」と言われ断られることもしばしばであった。

　Ａさんの様子がおかしいと気づいたのは家賃が滞納されていたので管理人がＡさん宛にメモを書いてポスティングしてからである。数日たってもメモがとられた気配がないことに気付いた管理人はすぐに、家族に電話、その夜に連絡を受けた家族がアパートに駆けつけることになった。

　家族は管理人から渡された合い鍵を使い、すぐに懐中電灯をもって室内に入った。暗い部屋には誰もいなかった。しかし机には便箋１枚の手紙が置かれてあった。そこにはアパートの管理人宛に長く世話になったお礼とともに生きていくことが嫌になったと記してあった。すぐに管理人を通して警察を呼び、事情聴取と捜索願を提出することになった。

　Ａさんは専門学校を卒業しいくつかのアルバイトを経験したのち、正規労働者としてサラリーマン生活を送っていた。勤務して数年後にはその職場関係で知り合った女性と結婚をし、子どもも産まれ幸せな家庭を形成して暮らしていた。しかし順調であったはずのその仕事を辞めてしまう。理由は過重労働であった。支店長という管理職に抜擢され、その能力が見込まれ複数の仕事を任されることになったことがそもそもの間違いであった。午前３時という明け方まで仕事に追われる毎日。心身の変調をもたらし、うつ病から出社拒否、そしてひきこもりとなった。元気に働いていたときには企業支店長として注目されていた。妻子もいたが、離職後離婚した。手紙には次のようなことが書かれていた。「ついに自分は一人になってしまった。最後まで自分の気持ちを表出できなかった」残されたのは自分一人だけと絶望したに違いない。

合い鍵を使い部屋に入った瞬間、密閉された室内には５年間に蓄積されたホコリとタバコの臭いが充満していた。窓はすべてガムテープと新聞でふさがれ、冷蔵庫には何もなく、あるのは僅かな食器とテレビに布団、そして線がはずされた電話機、古新聞や古雑誌、そして子どもの頃、とても可愛がってくれた祖母の葬儀のときにとった写真だけであった。見るからに質素倹約な生活、そしてストーブも外され長く使われていた気配がないことから、密閉された空間のなかでこの厳しい冬でも暖房を使用せず耐え忍ぶ生活をしていたとわかった。

　預金通帳も、印鑑も、運転免許証もすべて残されていた。通帳の残金は９千円ほどの記帳で止まっていた。何もかも置いて捨てていったＡさん。どのような思いだっただろうか。仕送りを打ち切られ他人任せで愛情を肌身で感じられなかった家族に捨てられたと思ってしまったか、それとも無様な自分はもはや消すしかないと感じただろうか。

　Ａさんを名ばかりの管理職としてクタクタになるまで働かせ、そしていいように利用して使い捨て去る企業実態に憤りを感じざるをえなかった。またここまで追いつめてしまったひきこもり支援団体による訪問支援の問題性や家族の対応方法についても反省と今後のあり方について私たちは深く考えていく必要がある。ひきこもりに就労経験がある、という実績はある種の自己のプライドをつくりだし、Ａさんのように頑なに外部からの働きかけを拒むところがある。ひきこもり者は素直に自分の気持ちを出せないところに支援の理解を求めていくとすれば、ただ単に訪問支援活動をすればいい、ポストにメモを投函すればいいというものではない。ひきこもり者の苦労を理解し、まずもってそれを受け止めることが必要ではなかろうか。

　こうした就労の厳しさが若者たちを苦しめる現実は何もＡさんだけの事例に留まらない。Ｂさん（30代）もまた多種多様な職歴をこれまで経験してきた若者である。しかしこれまで長期にわたって仕事を長続きした経験が残念ながらない。仕事をしていくなかで自分の意に沿わないとその納得できない職場の仕組みと衝突し、その結果短期で離職せざるをえなくなって、その後不安定な職

業をいくつも転々と変わりながらの生活を余儀なくされている。確かに完璧ともいえるこだわりが見られるところがあるが、根はまじめで緻密に仕事をこなす力がある。その力を仕事の場面のどこかで発揮できないだろうかと、今も自分の進むべき道を探究し続けている。

　また、最近出会ったCさん（40代）も紆余曲折しながらも仕事を続けてきた一人である。これまで受けた就職採用試験では8割がたは面接試験までクリアできる持ち主である。国家資格も取得し、それを活かした職に就きたいと思っているが、ある就職の採用面接場面で、あからさまに「あなたは発達障害ではないか」と言われたという。少なくともキャリア人事部門の担当者が採用試験の場面でその若者の人格までをも否定する言葉遣いが初対面の若者に発せられること自体に疑いの目をもってしまう。

　また、長くかかわりをもつDさん（40代）は小・中・高校と不登校を経験しながらも理解ある教師や高校時代の部活動の仲間たちに支えられ大学に進学した。しかし卒業後は一度も定職につかず10年以上にわたる長期のアルバイトを経験しつつも、数年前に職場内の人間関係と年下の若い同僚からの誹謗中傷による職場内いじめにあい最終的に離職してしまった。その後は無職のまま自宅で大半を過ごす生活になっている。

　これら事例は今多くの若者に直面するとても他人ごとではない、誰にでもひきこもりが起こりえる課題であると理解する必要があろう。そしてこうした就労経験のあるひきこもり者に共通してある課題が、ひきこもりになるということは年齢もそれなりに高いということである。そして親元を離れ、または親自体がすでに他界し、独居ないし既婚者として家庭をもっているケースもあるという点において、離職はその後の生活困窮問題と直結しやすい課題をはらむということになる。

❷ コラム　ひきこもり者の働くことと働き方

　今の状態でもとりあえず生活ができるのであれば、何とかなるのだから、それでいいのではないか。ひきこもりを肯定する考え方のひとつである。もちろん、先々のことばかりにとらわれてしまって今を大切に生きていけないようであれば、焦り感だけが空回りすることもある。そうした観点から言えば、何とかなるという考え方も必要であろう。

　しかし、現実は何とかならないこともありうることから、万が一に備える必要があるだろうし、多くのひきこもり者にとっては、できることならば人並みに就労してみたいという気持ちがどこかにあることは確か。ひきこもりを否定しないで社会に出て就労することはできないだろうか。

　そのなかで問われていくのが、働くということと働き方の課題である。働くことについては働きたいと思う。しかし今の働き方では自分がそれについていくことができるかといえば不安が残るというのがひきこもり者の一つの心情ではないだろうか。

　であるならば、その支援の基本的な構造は、働くことを支援するのではなく、これからの働き方を考え、どういう働き方がひきこもり者にとって必要なのかを検討していくことにほかならない。そこには、第一に無理なく自分のペースで働くことができる仕組みであること、第二に辛くなったらいつでも休める状況があること、第三に何か困ったときには周囲にものが言える環境があること、第四に外側から与えられる仕事だけではなく内側から湧き上がってきた仕事であることであろう。しかし現時点ではやりたいことがわからなくてもとりあえずは自分に役割があること、そして最後にそれを一人ではなく他者と協同して行なうことで不安を少なくし、自分なりの社会参加を探っていくことができることであろう。

　ひきこもり者は不安をもっていることが多いから、一つの仕事を一人でやることの不安が強ければ強いほど、その仕事を引き受けてやろうという気持

ちに踏み切れない。それを気の合う仲間と協同して取り組むことができれば、その先が見えてくることもある。多少失敗しても「まあいいか」という雰囲気が安心感をつくりだし、多少不器用であっても「またやろう」という気持ちにさせる。人間の自信というものは、そうした関係性のなかでつくられていくものである。

7 ひきこもりの定義再考

　これまでみてきたように、ひきこもりがあらゆる人たちに起こりえる現象となっている今日、ひきこもりをどうとらえるかにあたっては、これまでのひきこもりの定義を今一度再考することが求められているのではないか、と考えてきた。

　ひきこもりの定義については厚生労働省の「ひきこもりの評価・支援に関するガイドライン（2010年）」によって示されている。それによれば、ひきこもりとは「様々な要因の結果として社会的参加（義務教育を含む就学、非常勤職を含む就労、家庭外での交遊など）を回避し、原則的には6ヵ月以上にわたって概ね家庭にとどまり続けている状態（他者と交わらない形での外出をしていてもよい）を指す現象概念である」と定義づけられ、様々な要因の結果として起こりえる「関係性の課題」としてとらえられている。

　ここで述べられる「様々な要因」とは、生来からもっている発達上の課題など生物的レベルの要因、不安、緊張、囚われなどの個々人の心理的レベルの要因、家庭や学校、地域社会環境などの社会レベルの要因を指しており、個人と環境との要因が複雑に絡み合ってひきこもりが起こっていると理解されている。

　しかし多くのひきこもり者が語るように、ひきこもり者が他者との関係性以前に徹底した自分殺しという自己否定、自己排除があり、それが自分と他者と

の関係性を苦しめている。受け入れることのできない自己のなかで苦しむ彼らにすぐ他者を受け入れるには無理があるのではないか。

　ひきこもり者は完全に人との接触がない関係性の課題かといえば、実際はインターネットやコンビニなどのさまざまな場面で人との接触が保たれていることが多いし、ひとけのない時間帯であれば外出もそれなりにできる。他人と会おうと思えば会うことができると語るひきこもり者も多くいる。そのため「自分自身がひきこもりの定義に示す領域に入るのか」と疑問を抱くグレーゾーンの若者たちもかなり存在する。ひきこもりとはこうした外在的な関係性だけではとらえきれない、心の内面的な関係性にも着目した課題であることはおさえておかなければならないだろう。

　また、定義にかかわるもう一つの課題として理解したいことは、不登校が定義上年間30日以上であるのに対し、ひきこもりが半年以上と位置づけられている点である。ここに示される期間内は「休息」「充電」の期間として社会的に許容される範囲として理解されるべきものなのか、その確固たる納得がいく科学的根拠は示されていない。本ガイドラインでも準ひきこもりやひきこもり親和群という用語が使われ、ひきこもりは今後とも増えていくことを前提に広義のひきこもりとして位置づけられている。(田中敦、2012年)

　本来、ひきこもりかどうかは主体者であるひきこもり当事者が判断するもので、「休息」「充電」期間というものも千差万別であるべきだが、このようなひきこもりであるか否かよりも、これまでみてきたように「いつひきこもりになるかもしれない恐れ」を抱く若者が多いことに気がつく。つまり現時点の労働者のなかに「ひきこもり不安感情」がかなり存在するということである。「ひきこもれる人はまだいい、自分にはそれすらできない、苦しい」とする感情は、現代の社会病理を示唆する。今日のひきこもり支援とはまさに、こうしたひきこもりというカテゴリーにとらわれない、ひきこもり支援を通して現代を生きる若者全体を視野に入れた支援のありようを考えていかねばならないことを意味する。

　さらに、定義では「ひきこもりは原則として統合失調症のひきこもり状態と

は一線を画した非精神病性の現象とするが、実際には確定診断がなされる前の統合失調症が含まれる可能性は低くないことに留意すべきである」と述べられている。

　さまざまな問題が発生し、それが継続した場合、それに対して作用する要因やその影響力も時間経過に伴って変化する（Becker、1963年）とすれば、実際ひきこもった当初は非精神疾患であったとしても時系列的な変化のなかで精神疾患が二次的な障害として発症することは多くありうる。また、精神科医の青木省三が指摘するように「病気か否かわからないグレーゾーンといわれる人たちが、通院という行為を続けていくうちに、しだいに精神科の病人らしくなっていくのである」とすれば非精神疾患のひきこもりと精神疾患のひきこもりを区別して議論する意味はあまりないと言える。

8　現代のひきこもりの抱える課題

　さて、図2は生活困窮問題を示す「現代のひきこもり」を示したものである。現代のひきこもりとは、A領域の経済問題とB領域の関係性の課題とが重なり合っている課題として位置づけられる。

　時系列的にひきこもりが変化する過程で、B領域の関係性の課題からA領域の経済の課題とリンクしたC領域に移行するというのが、この十数年間のなかで大きく現した長期・高年齢化するひきこもりというもう一つの今日的な課題である。

　すでにひきこもりの長期・高齢化はさまざまな調査から指摘されてきた。ひきこもり者の年齢が年を追うごとに加齢し、全国のひきこもり家族会が設立して以来行なってきた調査によると、2007年度の全国調査で平均年齢が30.12歳となり、統計を取り始めてから初めて30歳を超えるに至っている。これらひきこもりの高年齢化の推移はその後も漸増し続け、2012年度調査では平均年齢は33.1歳（前年度比1.6歳増）となっている。（境ほか、2013年）

　また2010年にはすでに内閣府がひきこもりの実態調査を公表し、全国に約

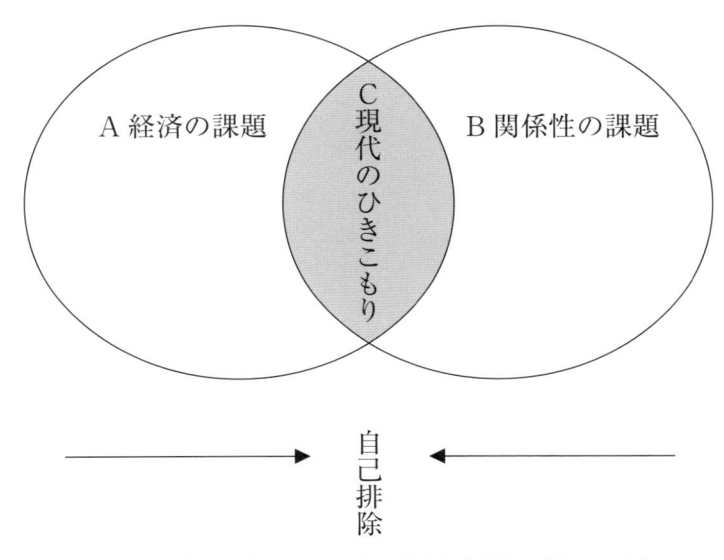

```
        ┌─────────┐ C ┌─────────┐
        │ A 経済の │現 │ B 関係性 │
        │  課題   │代 │  の課題  │
        │         │の │         │
        │         │ひ │         │
        │         │き │         │
        │         │こ │         │
        │         │も │         │
        └─────────┘ り└─────────┘
              ──────▶ 自 ◀──────
                     己
                     排
                     除
```

図2　現代のひきこもりを示す経済と関係性の課題の理解

69万6,000人のひきこもりがいることが推計されている。本調査によれば、地域別のひきこもり群は「北海道」が5.0％と一番多く、第一次産業を基盤とする北日本地域にひきこもりが多くいることが明らかになった。本調査では30代にひきこもり状態になった割合が23.7％を占め、ひきこもっている期間が7年以上も全体の38.5％と非常に多くなっている。また東京都町田市では、町田市新5カ年計画（2012年度から2016年度まで）の重点事業として「ひきこもり者支援体制推進事業」に取り組んでいる。本事業では、2012年9月に無作為抽出された市民2,000人に対してアンケートが行なわれた。調査結果によると、回答者または家族がひきこもり状態であるとした市民は5.5％にのぼり、そのうち40歳以上は31％を占めひきこもり者への支援体制の確立が喫緊の課題であることが明確となっている。

　さらに、NEET（若年無業者：not in education, employment or training）をわが国で明らかにし、2012年には20〜59歳の未婚で無職の男女のうち、社会と接点がない孤立無業（Solitary Non-Employed Persons：SNEP）の実態について調査を

進めてきた玄田有史・高橋主光（2012年）は、2011年時点で孤立無業者は162万人以上に達し、20代に比べ、より35歳以上の中高年層で孤立無業比率が上昇し、年齢別孤立無業比率では50歳～54歳の層が71.6％と一番高くなっていることを明らかにしている。

　2012年に私たちNPOが実施した北海道内12か所で実施した調査では、35歳を超えるひきこもり者は全体の33％と3割を超えている。（田中敦、2013年）さらに人口約3,900人の秋田県北部にある藤里町では、ひきこもり者が人口30人に一人にあたる125人に及び、その半数以上の61人が40代の高年齢のひきこもりであることが明らかになった。18歳～54歳の働き盛りのひきこもりは3次に及ぶ全戸調査で10人に一人にあたる113人に及んでいるほか、山形県が民生委員児童委員・主任児童委員を対象に行なった調査（2013年）では、自宅にひきこもる状態の若者が県内で少なくとも715人に達し、そのうち548人は40歳以上で、ひきこもりが5年以上はその半数に達する調査結果を報じている。

　そのなかには、おそらく生まれ育ったふるさとを離れ都会に就職したものの、競争社会に傷つけられ、再び故郷に戻ってくる若者たちもいるだろう。ひきこもりは都会だけのものではなく地方にも広がりを見せている。

　先の内閣府の調査では、ひきこもり者の約8割が親と同居しているために「家族主義」によって生活は一応確保されていると理解されがちである。そのためひきこもりが貧困問題としてとらえにくく、人との関係性の課題と見られてきたが、こうしたひきこもりの長期・高年齢化は将来的に支える家族の高齢化をもたらしていく。親が亡くなれば無職のひきこもり者の生活危機に直面する可能性がある。親亡き後の不安を煽るというよりは、こうした事態に対して万が一に備えるというセーフティネットを整備することは極めて重要である。経済的な保障だけではなく、とりわけ親亡き後で課題となる住宅問題を含めた居住福祉の整備は大きな検討事項である。すでに私たちがかかわる当事者会では、経済的な理由もあってシェア・ハウスを実践している若者たちがいる。

　ひきこもり者は親と同居しているが、その大半は経済的な理由で独立できない諸事情を抱えている。なかにはきょうだいがその面倒をみていて、きょうだ

い自身の独立や結婚の先延ばしなどさまざまな複雑な課題を抱えてしまっている場合も多い。

その意味で社会にセーフティネットがあるかないかでは、ひきこもり者が落ち着いて物事を客観的にとらえ、あるべき自己を見失わずに今後の進路選択を進めるうえで大切な予防福祉として重要となろう。

9 中高年ひきこもり者の悩み

中高年のひきこもり者を何歳からにするかは定説があるわけではないが、内閣府の子ども・若者育成支援推進法に基づく若者の範疇から外れやすい年齢層を検討していけば40歳以上とみるべきであろう。これら中高年のひきこもり者の広がりにはこれまで見てきたように、就労経験があり、既婚歴があって妻子もいた経験のあるひきこもり者が増大してきたということが主たる理由としてある。彼らは職を失い、妻とも離婚し、家族も失った二重苦のなかで挫折感、焦燥感、絶望感に悩まされており、ある意味社会的に自立してきた経験をもっているだけに、ひきこもりになったということの挫折感は大きい。中高年のひきこもり者の諸特徴を述べるとすれば下記のようになろう。

一つは、自己達成感が不消化で、心に傷をもち、社会的経験も不足し、年齢も高いことから将来に対して「不安感・絶望感」をもちやすい。

達成感という意味では志半ばでリタイアしたり、活動を中断してしまうことによる自己達成感の不消化を意味し、挫折感や年齢が高いということだけで不安感や絶望感をもつ人たちが多い。ハローワークも一昔に比べれば対応は親切となり、こうした離職などによる無業者の声に耳を傾けるようになってきている。しかし中高年という現実は就労の選択肢の幅を妨げ、採用に結びつかないケースも多い。繰り返される不採用通知からすっかり自信を失い求職活動を途中で止めてしまうこともある。

二つ目には、本人の高年齢化は彼らを支える親の年齢も高くなることを意味する。家族の支援だけでは難しく、第三者の支えが欠かせない。

家族が高齢化することは、「家族に何とかしなさい」ということだけでは済まされないということである。すでに両親が他界しているひきこもり者もいる。家族ではない第三者の支え、地域の支えが求められる。ひきこもりを専門に担当する支援者の育成や地域づくりは今後の大きな課題である。
　三つ目には、中高年ひきこもり者は長きにわたり在宅状態に置かれ、高年齢であることから将来に対して「あきらめ」の境地になってしまう。そしてとかく孤立無援になりがちである。
　四つ目には、歪められた価値観（どうせ～）に縛られ、自ら必要とされる有意義な仲間づくりを頑なに拒む傾向になりやすい。自己排除の傾向である。
　中高年ひきこもり者から出てくるどうせ～やっても無駄とする自己排除である。最初からこのような感情がつくられた、というよりは長いさまざまな挫折経験や無理解のなかでつくられていったとみるべきものである。
　実践現場では、彼らより年齢の若い支援者が相談に応じる場面も見られ、彼らの自尊感情から相談窓口に入りにくい状況が伺えたり、相談に行くこと自体に抵抗を抱く中高年ひきこもり者も多い。これまで就労してきたというプライドが弱音を吐けない状況を生み出し、よりひきこもり支援の難しさをつくりだしていることは確かである。こうした就労経験のある中高年のひきこもり者にはその本人より年齢の高い支援者などきめこまかな配慮した対応が求められる。
　また、まったく就労経験のない中高年のひきこもり者は、経験のなさそのものが消極性を生み、エントリーする前からもう駄目ではないかという行動抑制をつくりだしている。彼らには自信を取り戻し、意欲を育むさまざまな経験の場と関係性が必要である。
　さらに、具体的な経済的な支援、仕事場づくりが求められる。とくに年齢の高さは一般就労の難しさを生むことから、一般就労ではない新しい働き方を視野に入れた社会参加の道筋が求められる。そこには先に示してきたとおり、社会に失敗しても受け止められるセーフティネットがあることは前提の条件となるといえよう。

❸ コラム　ひきこもり者のシェア・ハウスを考える

　とかくひきこもり支援といえば就労に向かうか、または金銭的なライフプランに向かうかに傾倒しがち。しかし重要なことはこうしたお金にかかわることばかりではない。お互い精神面から支え合う関係性がとくに中高年ひきこもりになればなるほど必要になってくる。

　本書のなかで指摘しているように、ひきこもり者は諸事情によって親と同居しているがために、生活困窮者にはなりにくいという課題がある。しかし彼らは無職であり、一人暮らしをできる糧はないし、お小遣いすらも親からもらいづらい彼らが社会とのつながりを次第にあきらめていくこともありうる。せめて住居や居場所ぐらいは無償で提供できる仕組みが求められやしないだろうか。私たちNPOでは当事者会の参加費は無料としている。これを有料にすると来なくなるひきこもり者がいるからである。NPOによっては、居酒屋などで語り合う居場所を運営しているところもあるが、金銭が要求される居場所はひきこもり者にとって敷居が高く、参加を遠慮しがちになることもしばしばではなかろうか。その意味で、居場所は無料であることが重要であり、かつ居場所は使用しなくなった空き店舗やビルなどを無料提供される仕組みが求められる。すでに、東京都などではこうしたシェア・ハウスの取り組みが見られる。たとえば高齢者が一人暮らしする公営住宅団地に無職の若者が住むことで高齢者の見守りや介護をする役目をもつ引き換えにこうした若者たちの家賃を無料とするシェア・ハウスは今後とも検討していく必要があろう。

　また、すでに私たちNPOに参加するひきこもり者のなかにはシェア・ハウスの実践例が見られる。無職のひきこもり者が住居を借りる際にあたってはさまざまな課題があるが、働いている人が賃貸契約する名義人となり、家賃や食事、家具調理器具類などはそれぞれ必要に応じてその経費を折半し、一人暮らしでは怠りやすい掃除洗濯をしっかりと行ない、それぞれの個人空

間での役割を認めたうえで自律した暮らしをおくる方法は、親亡き後のひきこもり者が生活する居住福祉としての選択肢の一つとなりえる。

　無論、ひきこもり者がとくに気にする他者との関係性や気遣いなど、残される課題はあるものの、気の合う仲間同士が数人で協同し精神面をカバーし合いながら生活する利点もある。とくに経済的な側面だけではなく、中高年ひきこもり者に陥りやすい孤立無援感を予防し、将来への悲観を抑止していく支え合う活動は、お互い困ったときには助け合っていこうとする方向性に、血縁関係や経済面だけではなしえない力をもつものとしてみていく必要がある。

　これらシェア・ハウス実践者であるひきこもり者からは次のようなメリット・デメリットが指摘されているので参考とされたい。

【メリット】
- 家賃や光熱費を折半できるので経済的に余裕ができる。
- 同年代の友だちと話せることで、孤独にならない。
- お互い自律している存在として刺激になる。
- お互いひきこもり経験者のため、自分がひきこもりがちでも良い距離感がとれている。これが近親者だと依存してしまう可能性が高い。
- 家事を分担しているため、自分が担当している掃除などを怠らないでやることができている。一人暮らしだと怠ってしまいがち。

【デメリット】
- 毎日仕事や学校に行き忙しそうにしているルーム・メイトの姿を見て「自分はいま何をしているのだろう」と劣等感にさいなまれることがある。
- 自分の体調が悪いときにルーム・メイトに気を遣わせてしまっている。

　「2LDKの住居を友人とシェア・ハウスをしている」と語ってくれた実践者。改めて家賃や食費の折半という経済面の利点だけではなく、ルーム・メ

イトがいることによる自律した生活のありようがみえてくる。たとえば家事のみならず「体調を崩しひきこもりがちに陥る自分を理解してもらい、いつもと変わらず接してもらえることが非常に助けられている」といった、人としての距離感のもち方など、お互い役割分担をしつつ助け合っていこうとする姿は依存傾向になりやすい家族との同居や物事を後回しになりやすい一人暮らしにはない一つの利点だ。これからは使わなくなった民家や団地の活用などによって、二者関係からさらに増えて複数人によるひきこもり協同体が形成されたら救われていく若者たちも少なくないだろう。孤立無援社会が叫ばれるなかで経済的精神的な両面での支え合う新しい居住形態がひきこもり者からも発信が求められているといえよう。

2章
事例を通したひきこもりの理解と支援のあり方を考える

1 Eさんの手記を理解する

　さて、ここではひきこもり経験があるEさんの手記を通して、若者支援の中核をなす、ひきこもり者の理解とその支援のあり方について具体的に考えていくことにしよう。プライバシーを保護するために個人が特定されないよう主旨はいかしつつも一部改変していることをあらかじめ理解いただきたいと思う。Eさんは現在40代で、きょうだいはすでに独立結婚し、70代の両親との三人暮らしをしている。私たちが運営するNPOの活動にはひきこもり家族会を通して参画するようになった若者である。依頼された体験談をどの時点から話せばいいのかいつも悩むところがあるというEさん。普段から言葉数はそれほど多くないが、細かな周囲への配慮の機転がきく好青年である。

　「私はもう40代になったが、子どもの頃は比較的普通の子どもだった。しかし幼稚園の頃から周囲に馴染めず、小学校も学校のなかにとけ込めるようになるまでには時間がかかった。中学3年生の2学期に都会の学校へ転校、そこでもなかなか馴染めなかったが卒業まで残り数か月だったので仕方がないと思ってそのときは乗り切った。
　高校に進学してからは中学時代の部活の友だちもいたりして、けっこう楽しい学校生活がおくれるだろうと思っていた。しかし進学してみると友だちともうまく話せない、話しかけられない自分があった。そのことが中学のときに転校してから人と接触することをどこか避けてきたので、他者とうまく話すこと

ができなくなっているこのような自分は、人との関係性を積み重ねる経験値というものがないからだと思い、毎日高校に通って終わったら帰宅するだけの繰り返しだった生活を後悔する毎日だった。

本州の大学へ進学してからは、親元を離れ一人で暮らすことになった。大学ではたった一人だけ親しい友だちができて、何でも話せる仲の良い関係がつくれたがその彼も卒業と同時に関係性は途切れてしまった。

大学4年生の終わりになると、就職活動を控え、人との関係性の不足や経験のなさが負担として自分にのしかかってくる。あるひきこもり経験者が述べていたことに「経験の不足からくる不安」というものがあった。それはひきこもり者の心情や消極性、動きの鈍さというものを、ものすごくわかりやすく表現している内容だと思っている。

経験の不足や、不安と知識、自信のなさは、就職活動をしていくうえですごい重荷になってしまう。平成不況の真っただ中、就職が大変厳しい。今もそうなのかもしれないが、大学3年生後半になると企業からさまざまな資料や就職活動の指南本などが届くようになる。そこには非常に厳しいことが書かれている。「就職は相当難しい」「社会から要求されるものはかなりのものである」などである。もともと自信がないうえにそういう情報が入ってくると真に受けてしまい、それだけで自信を失ってしまう。もう社会に自分は入って行けないなのではないかと思ってしまう。

今になって考えるとそう思えないことであっても、当時は一人暮らしで孤立していたために、そこにとらわれてしまう。なかなか思うように就職活動ができない。

就職活動の指南本なんかには、面接試験で友だちの人数を聞かれる、ということが書いてあり、30人くらいいないと駄目だみたいなことがそこにはあってもう自分はその時点で駄目だなあと思ってしまう。

結局、就職ができないまま大学を卒業し、そのときは一日も早く実家に戻りたいという気持ちで帰ってきた。実家へ戻ってからも、当然仕事探しをしなくてはならないので、一応やってみるが、経験の不足からくる不安、自信のなさ

で自分ではなかなか思うようにできない。

　親からは「働くこと」を言われる。世間では仕事をすることが当たり前なので、親も責めるわけではないが、働いて自立することを期待する。しかし就職活動はできない。

　次第に無職のブランクが大きくなるにつれ、ますます自分が駄目だなあと思い込んでいく。自分でも自分が書いた履歴書を見て「こんなの相手にする企業があるわけがない」と感じ取ってしまい、それが余計自分自身を動けなくしてしまう。こんな状態でなかなか就職活動もできず、たとえ行っても無職のブランク期間のことを聞かれたら自分にも負い目があったりして劣等感で何も答えられない。面接試験惨敗して帰宅するだけである。

　あるときから親からは、就職活動に関して「何を言われても耐えなさい」みたいなことを言われるようになり、さらに荷重のストレスがのしかかるようになった。

　それから、母親が困ったのだろう。ひきこもり家族会に参加するようになった。母親は当初NPOの代表者に相談をし、その後ひきこもりの当事者会などを見学したりしてひきこもり家族会のことを知ったようである。母親が最初にひきこもり家族会に参加し、その後父親が参加するようになったが、両親がひきこもり家族会に参加することで自分へのかかわり方にも変化が起こるようになった。そのことで自分も少し楽になったと思う。

　そのうち、両親からひきこもり家族会が行なう当事者会に参加してみないか、という誘いかけがなされるようになった。しかし、自分はなんでひきこもりではないのに、そうした集まりに行かなければならないのか、と疑問をもつ。しかし繰り返される両親の誘いかけに、自分は働いていないし、両親に生活の面倒をみてもらっているのに、断り続けることに対して自己嫌悪に陥るようになる。その当事者会は毎月1回のことだが、その例会日が近づいてくるたびに憂鬱になり、親の誘いかけを無視して、そのときはホッとする一方でまた誘われるのかと思うと、そのことだけでひどく落ち込んでしまう。

　そんなことを繰り返していくなかであるとき参加することを決意する。両親

は初めて自分が参加したそのときには涙を流して喜んでくれた。

　実際、当事者会に参加してみると、たまたま年齢の近い人たちの参加者が多かったこともあって、比較的話しやすく、意外と参加してみると良かった。普段家族以外の人と接していなかったので、他人と世間体を気にせず話をするということに満足感を覚えた。それからこの当事者会に毎回参加するようになった。

　当事者会に1〜2年参加するなかで、他の当事者会をみたくなるようになり、行動範囲が広がっていった。また当事者会に長くかかわるようになると、いろいろと頼まれごとが多くなっていった。講演会や研修会の手伝い、経験談を話してほしい、会報に原稿を書いてほしいなどである。長くかかわりのあるこの人から頼まれるのはいいかなあと思って引き受けてきたが、そうした経験の積み重ねのなかで、今のNPO活動があり、参加できているのだと思っている。

　NPOから依頼がきたとき、不安の部分もあったが、深く悩まずに「まあいいか」と簡単に引き受けてしまって、そういう意味で今、いろいろと大変な作業もあったりして参ったなあと思ったりする。

　自分が当事者会に出て良かったと思うことは、自分よりも先に進んでいる人の姿を見ることができるということである。たとえば、働いている人、アルバイトをしている人、大学へ進学している人、具体的なものに何か向かってはいないけど当事者会にかかわっているとか、そういう人たちを見ておそらく自分も今の行動に影響を及ぼしているような気がする。

　支援者への心構えというか、支援者としてひきこもり者にどうかかわればいいのか、ということであるが、「はっきりいってわからない」ひきこもり者としてそういった人たちとかかわってきた経験がないというのも理由の一つである。それから「自分でもどうしていいのかわからない」ということもある。そのなかで支援者に対して何かを望むという発想は出てこないという難しい側面がある。

　しかし、自分がはじめて当事者会に参加したとき、世話人的な役割をつとめ

ていた人がソーシャルワーカーで、完全なひきこもり経験はないが、長くフリーターと無職を行き来する経験をしてきたこともあってひきこもりと似たような経験をもつ人だった。その人から、まずはじめに言われたことが「別に私はあなたのことを変えようとは思っていないので安心してください」であった。自分は当事者会に出ようと思ったとき、そこではいったい何をやっているのだろう、不安とか心配があって、それをまずはじめに聞いたときは何か拍子ぬけをさせられた一方で、安心できるところがあって、ここに来れば何かになるわけではないなあ、確かにそうだなあと納得させられた。そういうところが支援者にとってのひきこもり者と接する一つのヒントになるのかもしれない。「ひきこもり者を安心させる」というかかわり方をすることがいいのではないだろうか。

　今、NPOの事業としてさまざまな仕事にかかわっている。とくに北海道ひきこもり支援ハンドブックや会報等の取材、執筆作業はことのほか大変さを感じた。自分がかかわっていて人の話を聞くことが大変で緊張もするし、ひきこもりで働いたことがない劣等感があるなかで、社会のなかで働いている人たちに対して取材するわけであるから。話を緊張してうまく聞き出すことができない。しかし、協力して一つの仕事を成し遂げることの意義がある。これまで人とのかかわりがあまりないから、今の活動のなかで、さまざまな経験がえられることが、ものすごく良かったと思う。

　最後に将来のことについては、40代ということもあって将来のことがすごく怖くなる。できることを積み重ねていくしかないと思っている。あまりにもひきこもっている期間が長いと、将来のことはあまり考えられない。今のこと、明日どうするかという感じで、常に不安にさらされている。

　当事者会の活動のなかで、ちょっと手伝いをしたり、その延長線上でNPOの活動があるわけで、自分のできることをやっていくなかで社会とつながり、それがいずれ何かにつながっていくことができればいいと思っている」

2　Eさんの手記から読み取るひきこもり支援の考察

　このEさんの手記をみて、今日のひきこもりのありようをよく表現しているように思えてならないのである。というのもまず学校時代からの、うまく周囲になかなかとけ込めないというところは多くのひきこもり者が悩んできた課題であり、その根底には、自分の尊厳を認められる、自己肯定感というものが非常に弱まっていると感じざるをえないのである。

　就職活動での失敗や無職のブランクなどを積み重ねていくたびに自己肯定感は削ぎ取られる。エネルギーが底切れになるなかで、就職活動の指南本や親から手厳しい働きかけを浴びるとますます自信を失っていき、身動きがとれなくなってしまうのではなかろうか。そしてそうしたできない自己は自分の経験のなさ、消極性など自己そのものにまるですべての原因があるかのように包まれてしまうのである。

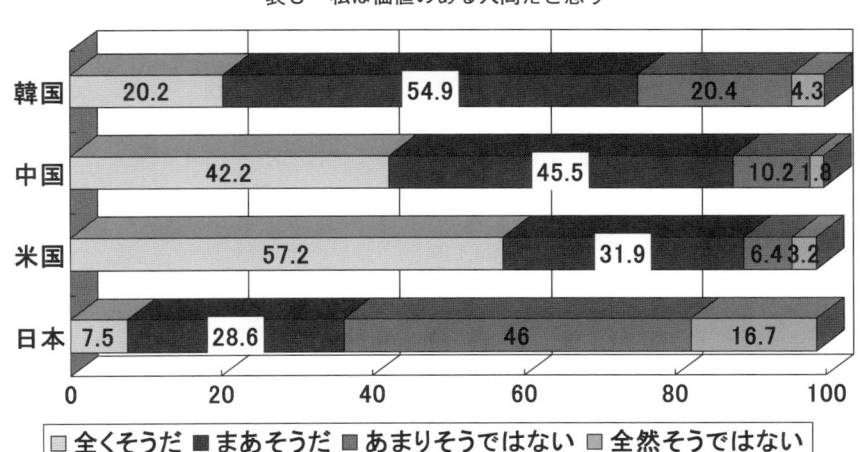

表3　私は価値のある人間だと思う

	全くそうだ	まあそうだ	あまりそうではない	全然そうではない
韓国	20.2	54.9	20.4	4.3
中国	42.2	45.5	10.2	1.8
米国	57.2	31.9	6.4	3.2
日本	7.5	28.6	46	16.7

（出典）「高校生の心と体の健康に関する調査（2011年3月）」
財団法人　一ツ橋文芸教育振興協会、財団法人　日本青少年研究所

表3は、そうした自己肯定が狭められている現状を知る手掛かりとなる調査結果である。日本の高校生に「あなたは価値ある人間だと思うか」と質問したところ、日本の高校生は、他国と比較しても非常に低い評価を示したのである。この結果は他の自己肯定感にかかわる調査でも同じような示し方をしているとすると、やはり大きな課題といえる。なにゆえここまで自分自身を過小評価してしまうのだろうか。

　そこには、1990年代半ばに始まる構造改革時代を生きる子ども・若者の現状の理解なくしては語ることのできない大きな変化があったと言わざるをえない。教育社会学者の久冨善之が「競争の教育」(1993年)のなかで開かれた競争から閉ざされた競争へと移り変わることを指摘したように、多くの子どもや若者たちが競争構造の場面に立たされてきたという認識は半世紀以上前から言われ続けてきたことである。また中西新太郎(2009年)が述べるように構造改革時代の教育競争・子育て競争に対する理解は、そうしたこれまでの連続の位相からだけでは決してとらえきれない課題を含むものとなっていると指摘している。つまりそこには久冨善之が指摘してきた出来・不出来の差としての受験や能力主義競争だけのレベルでは測られることのできない人間の存在や価値にまで公然と差をつける競争構造を示すものである。中西新太郎(2008年)によれば、1990年代からはじまり2000年代に入って顕著になったものは「人間の定義の変化」だという。「おまえは救済するに値するだけの努力をしているのか。救うのに値する人間なのかを常に証明し続けなければならない」そうでなければ、生きる権利もない存在とされてしまうのだという。

　こうした構造改革時代の競争の自立観に基づくなら、ひきこもりのような自立できていない人間は、社会に迷惑をかける存在であり、ただ生きているだけでは社会にコストをかけさせる「お荷物」と見なされるのである。ひきこもり者が就職活動のできない無業者ということだけで、何かあきれ果てた社会の「お荷物」として公然として「無能者」としてのスティグマ(烙印)を押されるというのが現代の競争社会のありようなのである。だから、こうした競争場面に立たされないために自宅にひきこもるという努力や他者からの批判や接触を自ら回避する

のはいわば当然の行為と言えるのではなかろうか。ひきこもるという行為そのものは、自分を守る最大の手段であり、危険をおびた環境から身を引くことを意味する。ひきこもることで自分を守る重要な行動として理解する必要がある。

　その意味で、ひきこもり者が安心できる環境を用意することは必要不可欠であろう。改めてＥさんの手記から学びをえるとするならば、第一に家庭や家族から怯えて暮らす環境であってはならないことである。これは後述する家族支援のところで詳しく述べたいと思う。もう一つは家族以外の他者との有意義な出会いと安心できる居場所との関係である。これについても後述したいと思うが、ここで語られるひきこもり者を支援することに欠かせない「安心」というキーワードは支援する側はとくに意識して置く必要がある。

　今、ひきこもりが世間に知られるようになってくると、ひきこもり支援産業なるものが社会に忍び寄り、独自の理念に基づく教条主義的方法論をもってパターナリズムな支援を行なっている現状が見られる。そのキャッチフレーズの大半は「ひきこもりをこのまま放置すれば大変なことになる」という、いわばひきこもり者や家族の不安感情の弱みにつけ込み、さらに不安を助長させ、早期対応の必要性を半ば強引に誘導説得し、大変なことになるキャッチフレーズを前面に出してひきこもり支援産業による商売の罠にはめ込もうとするものである。それを行ない続けることが悲劇を生むことは芹沢俊介ら（2007年）の「ひきこもり狩り」に見られるこれまでの諸事例からもわかっていることなのである。

　ひきこもり支援に求められているものは、この先々の不明確な不安を増幅させることではない。ひきこもり者とその家族に心が癒えるように「安心感を膨らませる」ことである。それがひきこもり者たちのこれまで失ってきた自己肯定感や自信そのものを徐々に取り戻していくことにつながる第一歩なのである。そのことをＥさんの出会ったソーシャルワーカーのかかわり方からも学ぶことができるのではないだろうか。

　また、Ｅさんは、支援者への心構えというか、支援者としてひきこもり者にどうかかわればいいのか、ということについて「はっきりいってわからない」と考察し、そのことから「自分でもどうしていいのかわからない」のだから、

そのなかで支援者に対して何かを望むという発想は出てこないと述べている。この認識はこれからのひきこもり支援がどうあるべきかに大きな示唆を与えるものであるといえる。

　ひきこもり者が語る「はっきりわからない」「自分でもどうしていいのかわからない」という状況にあるものに対して、支援する側が一方的に「あなたはどうしたいの」「どうすればいいの」と迫ってもそれ以降の対話が成立しないことを意味する。これは就労支援について「何をしたいの」「どういう職業に就きたいの」という問いかけについても相通じるものである。社会には「働く気持ちになれない」「お金をもらっても喜びを感じない」「アルバイトをしても楽しいという感覚が芽生えない」という禁欲なことにすごく悩んでいる若者たちと出会うことが多い。

　若者支援に取り組む佐藤洋作（2008年）が述べるように、若者たちがまず口々に訴えるのは対人不安と並んで、この「何をしたらよいのかわからない」という方向感覚のなさであると指摘している。フリーター生活を続けながら「やりたいこと探し」をしている若者とは異なり、ひきこもり者はひきこもってきた年月の空白をどう埋めたらいいのか悩み、やりたいこと探しなどはもう到底叶わぬものと諦めてしまうか、意外と職種へのこだわりが弱いのだという。このことは、「あまりにもひきこもっている期間が長いと、将来のことはあまり考えられない。今のこと、明日どうするかという感じで、常に不安にさらされている」というＥさんの手記からも読み取れるところでもある。佐藤洋作は、「やりたい自己が不確かである不安を解消するためのコミュニケーションの欲求充足であるとするならば、ひきこもり支援の基本的構造は、やりたいこと探し支援へと直接的に進むのではなく、やりたいことづくりに向けて若者と支援者が協同して模索し取り組む関係性の場をつくりだすこと」であると述べている。自分でも「はっきりわからない」「自分でもどうしていいのかわからない」ひきこもり者に「これからどうするのか」と迫りゆくのではなく、支援する者と一緒にやっていこう、とする協同的関係性のスタンスをもってこれから進むそれぞれの道を模索検討しつつ取り組む姿勢がとても大切であるという

ことである。その意味で山本耕平（2013年）が、支援する側とされる側の枠組みを超えた協同的関係と若者ソーシャルワークの重要性を強調するのは的を射た指摘であるといえよう。

　ひきこもり支援とは、こうした「フツウ」の人たちにはなれない自己との間で苦しむ彼らを「あれか」「これか」という二者択一的な結論へと導くものではなく、Eさんが述べるように、当面は「自分のできることをやっていく」ことであり、そのなかでさまざまな人や社会とつながり、経験をしていくなかでそれが「いずれ何かにつながっていければいい」ことなのである。そうした「曖昧性のプロセスのなかに一つの希望を見出す」協同作業の関係と場づくりこそが今、求められているのではないだろうか。

3　ひきこもり支援者の心構えと言動の大切さ

　以上のように、今日のひきこもりを理解するには若者が今抱えるさまざまな課題の深い理解をなくしてはありえないことから、若者とその中核をなすひきこもりの理解を私たちの実践活動と出会った事例を通してこれまでみてきた。ここからは、さらにひきこもり支援のより具体的なあり方についてともに考えてみることにしましょう。

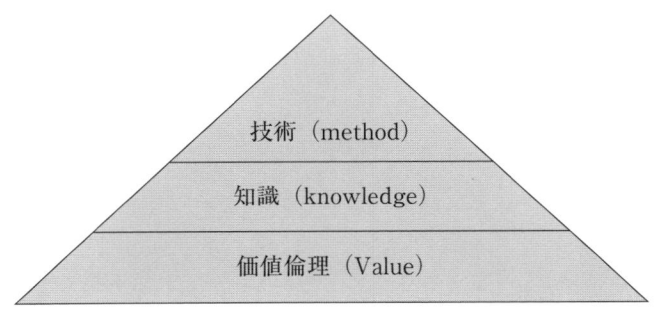

（ピラミッド図：上から）
技術（method）
知識（knowledge）
価値倫理（Value）

図3　ソーシャルワーク実践の基盤となる構成要素と支援のあり方

さて、私たちNPOは実践活動そのものの基盤をソーシャルワークの領域に置いているので、それをもとに述べたいと思っている。ソーシャルワークの領域では、その実践にあってその基盤となる構成要素を価値倫理、知識、技術に求めている。この関係を図式化したものが図3である。ひきこもり支援にあたってこれら構成要素をしっかりとおさえることは必要なことであろう。というのも、近年方法論ありきとするテクニックが支援現場に優先される傾向が見られるからである。しかし、こうした傾向は一歩間違えるとひきこもり者と支援する側との乖離をもたらすことになりかねない。

　ソーシャルワーク実践は、真摯に向き合う価値倫理の土台のうえに成立していると言わねばならない。価値倫理不在の知識や技術であっては、支援を展開するなかで歪みがどこかに生じ土台がゆらぎゆくなかで、いつしか崩れ落ちる不安定な支援となってしまうだろう。

　では、この価値倫理とは何か。それは知識や技術のように何か試験の点数で測ることのできない無限なもののように思える。価値倫理はひきこもり支援で述べれば、ひきこもり者をどのような存在としてとらえ、どのような見方、視点をもって支援するかということにつながる。たとえば、ひきこもり者は弱くて何もできない存在であるという視点に立てば、おのずと支援もそのような方向性へと向いてしまう。実践とは何か神に祈るような謙虚な気持ちに立って、本当にこのような支援でよかったのだろうか、と常に原点に立ち返り、内省し支援のありようを振り返ることが必要不可欠なものである。実践現場では、ベテランと呼ばれる支援者が未熟練である支援者に対してスーパーバイズすることになっているが、価値倫理とはベテランか未熟練者かという次元のレベルのものではない。むしろ、ベテランと呼ばれる支援者たちにこそ、紋切的な傲慢な態度や姿勢による価値倫理が横行しやすいことにも注意を払う必要があるのではないだろうか。

　少なくともひきこもり者と関係をもっていると、支援者の何気ない言動に傷つけられた、もう二度と相談に行かないと表明するケースに出会うことがある。ある若者は、不登校やひきこもりを支援する団体の代表者から「仕事は選ばな

ければ必ずある」と言われ、こうした何げない一言に自分にはもう選択の余地がない駄目人間なのではないかと、非常に傷ついたという。専門職の国家資格化が進み、有資格者があたかも立派な支援者で、信頼おける人であるかのような幻想がそこにはある。資格取得イコール信頼おける人とはならないところがある。それは知識や技術というものが試験による評価によって測られるものであったとしても、ここでいう価値倫理はそうした試験の点数では測ることができない無限のものであるからである。国家資格の弱さとはそこにある。

　支援者は常に謙虚に原点へと立ち返らなくてはならない。そして自分の価値や立ち位置、言動のありようを見つめ直し、人間としての豊かな研鑽を積み重ねていく必要があるといえる。それは価値倫理が無限なものであるがゆえに常に心掛けていかねばならないことである。

　閉塞状況がある社会のなかにあっては、人間としての価値倫理が見失われることが多々見受けられる。たとえば、社会にはびこる紛争・貧困格差・暴力・差別などがそれにあたる。そしてその矛先は自分より弱い立場のものに必然と向けられていく。せっかく身につけた立派な知識や技術も、支えるべき土台としての価値倫理がないと恐ろしく人を容赦なく傷つける対立関係を引き起こすことさえある。科学万能主義というものはその典型的なものといえるのではなかろうか。

　その意味で、ソーシャルワークとはその価値倫理基準により、公正と社会正義の価値倫理に基づいている。国際ソーシャルワーカー連盟が採択した、ソーシャルワークの定義（IFSW、2000年）によれば、ソーシャルワーク専門職は、人間の福利（well-being）の増進を目指して、社会の変革を進め、人間関係における問題解決を図り、人々のエンパワメントと解放を促していくものである。人間の行動と社会システムに関する理論を利用して、人々がその環境と相互に影響し合う接点に介入する人権と社会正義の原理は、ソーシャルワークの拠り所とする基盤であると述べている。

　日本のスクール・ソーシャルワークの第一人者である山下英三郎（2010年、2012年）は、昨今学校や社会に見られる大切な存在である子ども・若者観の欠

如を改めて問い、人間尊重を前提とした対立や非難ではない平和的な関係の解決構築を基盤とする修復的対話アプローチの効用を述べている。

　山下英三郎によれば、さまざまな人間関係によるコンフリクト（対立・トラブル）によって引き起こされる攻撃や否定に対する厳罰主義は連鎖と再生産を生む。今日発生する、いじめなどはその具体例であるが、そのいじめの連鎖を断ち切ることは、被害を受けた人と加害者的な人の対話や謝罪によってそこに許しが生じれば修復は可能であり、和解は難しいがある程度個人が受けた傷を癒し望ましい状態に戻ることができるのだという。そうした中立的で公正な立場は問題を深めることなく、対話のための準備の準備を重ね、相手の話をよく聞き、お互いを尊重し、相手を非難せず、発言したくなければしなくてもいい、というそれぞれの人間尊重という価値倫理に立脚した望ましい支援の方向性は注目に値できるものである。修復的対話は、支援の誤った行動を抑制する環境をつくりだし、建設的な人間関係を育むことができる意味において、ひきこもり支援にも必要な視点であり方法の一つだといえる。

4　支援のうえでひきこもりをどう見極めるか

　さて、以上のように、かけがえのない一人の人間として尊重するひきこもり支援がなされていかねばならないことを理解してきたが、次にそうした支援を進めるにあたり、ひきこもりをどのように見極めていくかが問われていくことになる。ひきこもり者は一人ひとりその生い立ちやこれまでの歩みは異なっており、個別的な対応を進めなくてはならないにしても、ひきこもりという現象

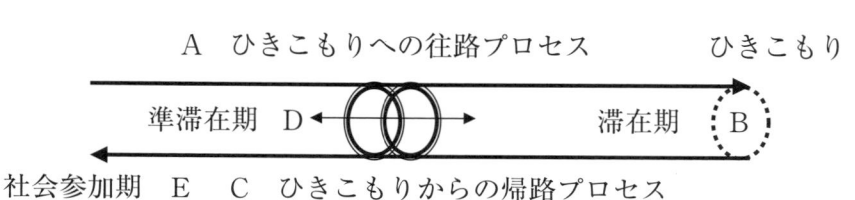

```
              A  ひきこもりへの往路プロセス        ひきこもり
       ━━━━━━━━━━━━━━━━━━━━━━━━━━━━━━━→
              準滞在期  D  ←◯◯→    滞在期      ⦙B⦙
       ←━━━━━━━━━━━━━━━━━━━━━━━━━━━━━━━
  社会参加期  E    C  ひきこもりからの帰路プロセス
```

図4　ひきこもりのプロセス理解

をどう見ていくかは一定の理解が必要であろう。

　図４は、芹沢俊介の「引きこもるという情熱」（2002年）を参考にして図示したものである。芹沢俊介によれば、ひきこもりには、往路・滞在期・帰路があるという。この論理を用いれば図４に示すようにひきこもりは、ひきこもりへ至る往路「Ａ」のほか、ひきこもり滞在期「Ｂ」、そしてひきこもりからの社会参加へと進む過程として帰路「Ｃ」があることになろう。

　とかく家族や支援者は、「Ａ」にとらわれてしまうために、このままひきこもっていては大変な状態になると思い込み、その結果として焦り・不安感を増大させ、しまいにはひきこもり者を無理やり引き出そうとしてしまう。しかしひきこもりには必ず帰路「Ｃ」があることを理解すればそれほど早急に焦らなくてもよいその支援方法の心構えが見えてくるといえないだろうか。

　確かに親亡き後の心配は家族や支援者が抱く不安であるが、先に述べてきたように「万が一に備える」意味でセーフティネットを構築する必要性を問う事項である。しかし親が死ねば大変になると思えば思うほど、切羽詰まった、余裕のない家族関係が形成され、ますます心も大変になってしまうのが必定である。むしろ先に紹介したＥさんの「ひきこもり者を安心させる」かかわり方の指摘があったように、先々の心配にとらわれて今を大事に生きることが失われてはならない。その言説をここであえて応用するとすれば「ひきこもりには確かにリスクがあるかもしれない。しかし将来の安心のために、ひきこもり者一人ひとりの現時点で必要とされる安心を犠牲にしてほしくない。このリスクのほうがひきこもりのリスクより大きい」といえないだろうか。ひきこもり者にとって必要とされる今の安心を奪うことにならないよう、ひきこもりを理解する必要があるといえよう。

　また、準滞在期「Ｄ」は、ひきこもり親和群として今日多くの若者がもっている自分もひきこもりたい、だけどできることなら社会参加したいという感情を示すものである。ひきこもり者が社会参加していくための右往左往しながら歩むプロセスの道のりを指すものであるが、たとえ揺れ動く半ひきこもり状態といったグレーゾーン領域に入る若者であったとしても、そこには必ず帰路

「C」があることを理解しておけば、ひきこもり者本人に沿った支援のあり方を見失うことはないだろう。準滞在期「D」は、左右大小の揺れを繰り返しながらも、そうした状態からいつか元気よく飛び出していくときがプロセスをともに歩むなかで訪れるのではないだろうか。このことについては3章で触れることにする。

5 自立観を問い直す当事者性

　ところで、ひきこもりを理解するにあたって、よく語られる当事者という用語に何かしらの違和感を覚える人たちが少なからずいることは事実である。当事者とはいったい誰のことを指すのだろうか。どうしても当事者というと社会から虐げられた人たち、あるいは問題を抱えた人たちという見方が先行しがちである。そのため、本稿では「ひきこもり者」という用語を主体的な意味合いを含めて使ってきたところがある。

　中西正司・上野千鶴子は「当事者主権」（2003年）のなかで、当事者のことを利用者やお客様ではない、当事者主義でもなく、当事者本位でもない、支援する側とされる側の間の新しい相互関係を切り開く概念として主権と語り、両者は次のように述べている。

　当事者を「ニーズを持った人々」と定義し、「問題を抱えた人々」とは呼ばない。何が「問題」となるかは、社会のあり方によって変わる。誰しもはじめから「当事者である」わけがない。現在の社会のしくみに合わないために「問題を抱えた」人たちが「当事者になる」問題は「ある」のではなく、「つくられる」「問題を抱えた」人々とは、「問題を抱えさせられた」人々である。

　つまり、当事者とはニーズをもったすべての人がその対象となるということである。昨今の障害者の自立生活運動などに見られるように、当事者は今や、社会の片隅に隠れている存在ではない。社会に対して積極的に発信し、意見を述べ、社会の一員として自律した生活する人たちである。

　また、こうした当事者主権はこれまでの「誰にも迷惑をかけずに、一人で生

きていくこと」という自立観に揺さぶりをかけている。人間は誰でも自分以外の他者によってニーズを満たしてもらわなければ、生きていくことができない。社会は自立した個人の集まりから成り立っているように見えても、実際は相互依存する人々の集まりから成り立っている。人生の最初も、最期にも、人と人が支え合い、お互いに必要を満たしあって生きるのはあたりまえのことであり、誰かから助けを受けたからといって、そのことで自分の主権を侵される理由にはならないと述べるのである。このことはひきこもりの自立観にも通じるものであろう。

　ひきこもりの自立観については改めて後述するが、ひきこもり者は生活圏に安心があるから自立していくことができるのであって、そこに不安や拠り所がなければそれは大変辛く耐えがたいものになるのではないだろうか。これまで述べてきたように就労さえすれば自立とはならない状況を理解していけば、「一人で飯がくっていけるようになる、それが自立だ」とする経済的な自立だけを指すものではないことは確かである。一人ひとりのニーズが満たされる豊かな自立観が求められ、いずれこうした当事者研究はさらに発展し、ひきこもり当事者が自らの生き方を発信していくひきこもり学なるものが登場する日もそんなに遠くはないかもしれない。

　さらに、向谷地生良（2006年）が実践する当事者性では、当事者のことを「自分のことは、自分がいちばん、わかりにくい」「自分のことは、自分だけで決めない」という独自の理解をしている点も興味深い。自己決定といっても人とのつながりを失い、孤立と孤独のなかでの「自己決定」は不安や悩みが深まっている当事者に陥りやすい視野狭窄から誤った決断を繰り返してしまう危険をはらむものであると指摘する。専門性の力量とはいわばそうした状況に陥らないように予防し、彼らと苦労を分かち合いながら客観視して物事を考えられる関係性がそこに求められているところでもある。

3章 ひきこもり者本人を支援する

　ここからは、ひきこもり者本人（以下、ひきこもり者）への支援のあり方について考えてみることにしたい。図5は前章で理解してきた図4「ひきこもりのプロセス理解」をもとにしてひきこもり者への当事者支援のありようを考察したものである。ひきこもり者への当事者支援は、滞在期「B」から社会参加期「E」に移行するにしたがって手厚い支援が求められる。滞在期「B」は、ひきこもり者からすれば誰にも会いたくない、避けたい感情の状態に置かれている。ひきこもり者の気持ちを理解すればこの時期の段階において無理やり接触することは本人に対してプレッシャーを加えることになる。また、たとえこの時期に直接的な訪問支援を行なってもひきこもり者とじかに会うことはできないだろう。その意味で滞在期「B」は周囲の家族などが悩みや囚われから解放されて、どういうかかわり方や待ち方をするかについて専門職とともに考えてい

A ひきこもりへの往路プロセス

社会参加期　E　　準滞在期　D　　　　　　　滞在期　　　　B　　ひきこもり

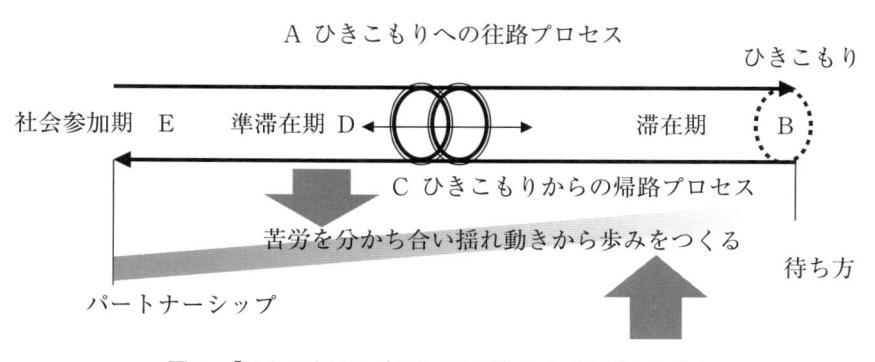

C ひきこもりからの帰路プロセス

苦労を分かち合い揺れ動きから歩みをつくる

パートナーシップ　　　　　　　　　　　　　　　　　　　　待ち方

図5　「ひきこもりのプロセス理解」にみる支援のあり方

く時期として見ていくことが求められるだろう。

　これに対して、社会参加期「E」は、ひきこもりの揺れ動きから一歩踏み出す時期である。この時期は、ひきこもり者が就労してからもいろいろと不安や悩みに陥りやすく、ひきこもっていたとき以上の支援が求められる。就労から長く遠のいていたため不安が強いひきこもり者が、せっかく就職しても体調不良や対人不安などで離職して再びひきこもりにならないように支えていくことは必要である。具体的には、ひきこもり者が就労後不安で悩んだとしても気兼ねなく話せる関係の場があること、そしてそこでの対話を続けることを通して、不安を抱える就労後のひきこもり者と雇用主との間に立って調整していく役割である。

　また、ひきこもり者は、多かれ少なかれ滞在期「B」と社会参加期「E」との間の準滞在期「D」のなかで揺れ動く存在である。ひきこもり者を取り巻く環境の外圧と個人の内圧によって振り子のように揺れ動くなかで自己を形成していく曖昧性の過程をいわばよし、とすることが大切である。その意味でこの揺れ動く準滞在期「D」の歩みのほうが他の時期と比較して長い道のりであるとすれば、ひきこもり者の苦労を分かち合い、その揺れ動きのなかから歩みをつくりだす支援がとても重要となろう。そのことを踏まえたうえで支援者はひきこもり者に対してどのようにしてかかわればいいのかを述べてみたい。

1　支援者の役割とは何か

　ひきこもり者はこれまで見てきたように、経験や自信のなさ、消極性などといったさまざまな不安感情にさらされている。そして一歩踏み出せない自己の不調を彼らは自分自身の内部に原因があると思い込み、自己責任として仕方がないと自分を責め立てる心があり、それらが彼らの行動に抑制をかけさせ、苦しめている。こうしたひきこもり者を苦しめている社会に一つの変革を起こさせ、これまで失ってきた、ひきこもり者の経験や自信をどのように回復し、一人ひとりの力を育んでいくかという動きがひきこもり支援ではとても重要とな

るだろう。

　しかし、これまで述べてきたように、ひきこもり者は社会に対して意見表明する機会が少なかったために、今までのひきこもり支援が本人の思いにかなうものであったかは再考しなければならない。とくにひきこもり支援は支援する側やその親たちの意向や考えがどこかで優先されてしまうところがあったことは否定できない。

　少なくとも「親の運動については、児童福祉の課題では保護者運動は必要であるが、ひきこもる若者は既に成人した大人である。精神障害者や発達障害者がいることは承知しているが、当事者が行なうべき運動を保護者として親が代替する必要性があるのでしょうか」（山本耕平、2013年）と指摘するように、支援そのものがひきこもり者不在のまま進められるものではない。また代弁する親の発言が必ずしも本人の発言と完全一致するものではないとすれば、親が先頭に立ってあたかもひきこもり者の発言であるかのように、ひきこもり者運動を進めるものではないことを理解する必要があるだろう。

　その意味でひきこもり支援は、ひきこもり者が主体者として自らの課題を自分のものとしてとらえ、同じ悩みをもつ仲間たちとの関係性のなかで、支援者や親たちと協同しながら進める支援でなくてはならないのである。

　では、このような関係性のなかで示される専門職である支援者の役割とは何だろうか。支援者もまた現代の社会のなかで悩む一人の人間であり、支援する側も支援される側と対等な立場で考える存在となる。まして支援者とは完全なる人間とはいえず、人間はそもそも不完全な存在である。支援する側も支援される側からどこかで支えられている、そういった実感があるからこそ支援する側として支援を続けることができる営みをつくる力になっているといえるのではなかろうか。そして支援する側の営みとは、決して「私が支援したからあなたはこのように変化した」とはならないものである。もし支援する側がかかわったことによって支援される側が変化したとすればそれは逆に大変恐ろしい存在になりやしないだろうか。一人の人間を変えるなど支援者一人にできるはずがない。支援される側がもし変化していることがあるとすれば、それはひき

こもり者のなかに本来潜在していた力そのものが支え支えられる相互の関係性のなかで必然的に開花されていったと理解されるべきものなのではないだろうか。

　このように考えていくと専門職の支援者としての役割とは、どのようなものであるかが見えてこないだろうか。学校にも行っていない、働いてもいない、教育訓練も受けていない、そのような無業の若者たちのことをニート（NEET）と呼ばれている。ひきこもりも働いていないという点においていえば広義のニート（NEET）と見られることが多い。

　「ノミやダニは体についても叩けばつぶせますし、駆除もできます。しかし体内に入ったサナダ虫などは見ることができなくて内面から蝕んでいく。パッと見て外見ではなかなか判断がつきません。刺されて腫れるわけでもない。それが家のなかで起こる家族全体が蝕まれていって、社会的な犯罪につながっていくのがニートの怖さなのである。（浅井・森本、2005年）」を代表するように、ニートという用語が急速に社会に広がるにつれ、ニートにさせないマニュアル本が数多く出版されるようになった。こうしたニートはわが国ではそのカテゴリーに失業者を含まない意味において世間からは非常に厳しい視線や言動によるニート・バッシングを浴びている。そしてひきこもりもまた、ニートと同じような状態に置かれている人たちという意味で、「怠け」などのさまざまな誹謗中傷を受けている。こうした社会側からくる価値観への盾になる必要がある。社会的に不利な立場に置かれた若者たちであることを伝え、ひきこもり者が「なぜこんなに生きにくいのか」「どうして前に進めないのか」を同じ時代を生きる仲間としてともに考えていきましょうと働きかけていくことが、いわば専門職である支援者としての役割ではないだろうか。そうでなければ、ひきこもり者は安心して社会に出てこれないのではないだろうか、と思うのである。

　改めて専門性をもった支援者である自覚を社会的に問い続けるならば、こうした社会側からの言われなき言動、強硬な価値への防波堤となり、安心した地域をつくりだす実践であることを強調しておきたい。

2 仲間づくりの重要性

　若者支援に取り組む佐藤洋作によれば、今、孤立しているひきこもり者たちの多くは根源的な要求として「自分の存在を認めて欲しい」「自分のことをわかってほしい」と願っているのだという。若者自身がこうありたいということをどれだけ膨らまされていくことができるのか。そうした願いそのものを禁欲してしまったひきこもり者たちにこう生きたい、こう働きたいというイメージを膨らませていくひきこもり者の自信回復作業を支えていくこと、これなくしてひきこもり者支援はありえない。そしてひきこもり者たちの前に立ちはだかる課題を乗り越えていくためにはさまざまな道具が必要であり、その道具のなかで一番重要なロープは仲間（peer）であり、その関係性づくりであると述べている。

　また、同様に社会活動家の湯浅誠（2007年）によれば、人間とは単にお金がないという金銭的な貧困だけが辛いことではない。人間が極限まで追いつめられていく過程のなかで「五重の排除」にさらされるという。「五重の排除」とは「教育課程からの排除」「企業福祉からの排除」「家族福祉からの排除」「公的福祉からの排除」「自分自身からの排除」を指す。ホームレスの人たちがかかわらないで放置しておいてくれと頑なに生活保護などの支援の手を拒む徹底した「自己排除」の姿は、ひきこもり者にも通じるところがある。

　精神科医の中垣内正和（2008年）がとくに年齢の高いひきこもり者でひきこもりが長期にわたるケース、職業経験のある場合に35歳以下のひきこもり者に比べて治療反応が悪いという結果もそれを理解させてくれる。ひきこもり者が一番辛いときに誰も手を差しのべないで、冷たく排除されひきこもりが長期・高年齢化してきた結果は治療の過程においてもマイナスに現れる所以でもある。

　湯浅誠は、そうした「絶望」と「あきらめ」の淵にある人たちを救済するためには個人や社会のなかに「溜め（capacity）」があることが重要と指摘する。

ここで指す「溜め」とは、「金銭的な溜め」のほか、「人間関係の溜め」「精神的な溜め」を意味する。ひきこもり者にとってもまさに「金銭的な溜め」以上に、家族はもとより多くの人たちとのつながりをもって自己肯定感と自信・意欲をつくりだす「人間関係の溜め」や、これからの人生や生活に向かっていく精神的なゆとりや安心安定をえる「精神的な溜め」が求められているといえる。その意味で、狭められた「溜め」をどうやって回復し、蓄積していくかがひきこもり支援には必要不可欠となる。

　湯浅誠は、こうした「溜め」をつくりだす条件を提示している。一つは組織的、社会的、政治的ゆとりが失われているなか、彼らを救済する既存の制度サービスの有効活用促進とサービスそれ自体を新たにつくりだす社会資源を開発する活動であり、まさにソーシャルワークにおけるソーシャル・アクション（social action）としての機能である。もう一つは「自分自身からの排除」から回復できる居場所と仲間（peer）づくりであると述べている。これらはひきこもり者支援にも同様に適用され、社会にある既存の社会資源を知らぬまま見過ごしているひきこもり者と家族を漏れなく社会とつなぐことであり、当事者会のグループ活動にみる居場所と仲間（peer）づくりの促進を図ることにほかならないだろう。

3　仲間に必要な居場所支援

　今、全国各地でひきこもりを経験してきた若者たちが仲間（peer）づくりを通して、同じように悩む人たちの力になっていこうとする活動が展開されている。そこでは、「いつでも自由に来て帰ってもいい」「言いぱなし聞きっぱなし」「話されたことに評価はしない」というフラットな居場所支援から、そこに集まったひきこもり者たちが徹底した話し合いと議論を重ねるなかでコミュニティ・カフェやレストラン、ひきこもり大学構想などさまざまなユニークな新しい働き方による社会的起業展開を進めはじめている。

　佐藤洋作（2008年）は、こうしたひきこもり者の徹底した話し合いや議論に

ついて「支援的他者に媒介されて、長い間自分を苦しめてきた周囲への同調のための垂直的なコミュニケーションを、同時代を生き抜いてきた若者たちの間の相互理解と承認のための水平的なコミュニケーションへと組み替えていくこと」がひきこもり支援の基本と述べている。

　多様な居場所では、ひきこもり経験者でなければなすことができない感性やアイディア、企画力が発揮されている。私たちが運営するNPOもまた同様な方向性のなかにあるといえよう。会員のほとんどが不登校やひきこもり経験者とその家族で構成され、役員もまた全員そうした経験者たちで担い、さまざまなアイディアを出し合い、計画を立て社会貢献活動を進めている。もちろん、そのなかには私のような経験を活かしつつ専門教育を学び蓄積してきたものもいる。

　山本耕平（2013年）は、「地域で若者が育つために必要な、彼らが何回でも安心して失敗することが保障される居場所は現時点ではいかなる社会福祉制度にも位置付けられていない」と述べている。ゆえにこうした居場所創出と運営はある特定の個人の資力にゆだねられるものではない。公的部門との物資金協力によりつくられていかねばならないとしている。現在多くの「居場所」が経営難の状況に置かれ、ひきこもりのNPOそのものがまだまだ発展途上にある段階では、運営の行き詰まりや支援の困難から活動停止や自然消滅が起こる可能性がある。（田中敦、2012年）本当の意味での専門性の真価がそこに問われていくものと考えている。

　また、広井良典（2006年）によれば、高齢者領域では高齢者を65歳から75歳未満までの前期高齢者と75歳以上からの後期高齢者とに区分しているように、子どもについても前期子どもと後期子どもに分けて考えるべきではないかと主張している。後期子どもとは15歳から30歳代ぐらいまでを指しているが、わが国においては、ライフサイクルの根本的な変容への社会的対応が大幅に遅れており、広井良典はとくに後期子ども期に対する支援策が大きく欠落し、社会のさまざまな矛盾がそこに集中していると分析し、そこへの社会的支援の強化とその層から声を制度政策に取り込む必要性を述べている。この指摘は先の山

本耕平の居場所の社会福祉制度不備を考えるうえでも重要な内容であると考えている。広井良典が言う後期子ども期の指摘を含め、社会福祉学分野において児童福祉論はあっても、青年福祉論や成人福祉論は欠落した領域だといえる。

とくに成人期問題はソーシャルワークにおいても未成熟な領域であり、これまでは企業が福祉を担ってきたこともあって支援策が充分になされてこなかった領域として理解する必要がある。今日起こっているひきこもりの高年齢化はいわば企業福祉が綻びていくなかで、青年期以降の支援施策の立ち遅れや困難な状況をいち早く発見することができなかったといえないだろうか。地方自治体によっては、ひきこもりをどこの部署が担うべきかで揺れ動く実態が今日みられる。思春期であれば児童福祉となり、障害になれば保健福祉分野となる。ひきこもりそのものには定義上年齢区分がなく広範囲な支援を必要とされるために、このような現実にさらされるのだが、2009年に法制化された「子ども・若者育成支援推進法」は、その対象に不登校やニート・ひきこもり・発達障害等を含めたこれら社会生活を円滑に営むうえで困難を有する子ども・若者たちを包括的に支援する総合法として成立した。ひきこもりがこの法律のなかに明記された意味において画期的なものであったといえる。本法律に基づき設置された子ども・若者支援地域協議会では教育、福祉、保健医療、労働、司法などさまざまな領域の担当者によって構成する支援ネットワークが構築されている。

しかし一方では残念なことに、その若者の範囲は近年35歳未満から40歳未満までに拡大されてきたものの対象年齢に上限が定められている。中高年に達したひきこもり者が支援の対象からどうしても二の次にさらされやすい。2006年から設置されてきた「地域若者サポート・ステーション」も「一定期間無業の状態にある15歳〜40歳未満の若者」とされ、特例以外は高校中退者や20代などの若年者支援に傾倒したプログラム支援を行なっていることからも理解されるところである。

これまでの若年層をターゲットにしたひきこもり予防支援策だけではなく、現実的に起こっている中高年のひきこもり者にもしっかりと目を向けた成人期

支援策がまさに問われているといえるのではなかろうか。

4 コラム　期待されるひきこもり当事者会活動

　当事者会には、はじめからこちらが期待する人数のひきこもり者がやってくるとは限らない。参加者がたとえ０人であっても集まりをもつ意味はある。そこには当事者会に行ってみようと思っていてもさまざまな諸事情で来ることができないひきこもり者たちが周りにはたくさんいることを意識しなければならないからである。

　毎月行なわれる例会には、ひきこもりから外出できるようになり、これらからの生き方を模索してやってくる若者、外出はできるが自分に何ができるのかわからず立ちすくむ若者、働きはじめたがまだまだ不安があり話を聴いてほしい若者などがやってくる。また、ひきこもっているわが子とどう向き合っていけばいいのかわからずそれを知りたくて参加する家族、そしてひきこもりに関心を寄せる市民などさまざまな人たちが参加する。

　当事者会では、それぞれが語る内容を決して評価することはしない。支援者もその場では対等な一人の人間であり、その時代を生きるパートナーである。参加者がそれぞれなかなか言い出せない内なる思いを言語化していくことを大切にし、そこで話される内容を参加者で共有しながら苦労をともにし一緒に考えていくスタンスを重視して進めている。

　当事者会は同じ悩みをもつ仲間同士として共感しやすい一方で、当事者同士で固着してしまう一面もある。個人的な愚痴の言い合いから、当事者会に参加すると辛い話ばかりで心が押しつぶされそうになるという若者もいる。小難しい話題に傾倒するのではなく、参加者が安心してこころが開かれる話題にすることも大切である。

　また、ひきこもり当事者と一言でいってもその歩んできた道のりはそれぞれ異なっているし、その考え方や価値観、趣味嗜好も違う。それぞれの立場を尊重しつつも、ある特定の参加者の意見に偏らないよう、参加者がみんな

発言できる配慮は必要であり、支援者が行なわなければならない課題である。

さらに、常設された当事者会は別にしても大方の当事者会は月数回の開催であり、開催場所や曜日、時間帯、男女それぞれが安心して参加できる場の設定のみならず、参加費負担は重要な要素である。開催場所等については、自宅から通える範囲の場所が求められる。時間帯も午前中よりは午後から夕方などの設定、曜日も固定せず柔軟に行なうことや、男性が多いひきこもり事情から女性が参加しづらくならない配慮、金銭を気にせず参加できる参加費用は完全無料とする条件は不可欠である。

また、行き場がなく長期にわたり当事者会に参加している若者には次のステップに進めるような変化に富む運営方法や新しい働き方を創造できる居場所をつくりだす働きかけを心掛けることも今後の課題である。

4 ひきこもり経験を活かす取り組み

さて、ひきこもり支援の本題に再び戻ることにしょう。ひきこもり者が失ってきた経験を積み重ね、自信を取り戻すための居場所づくりが必要であることは述べてきたとおりである。それぞれのひきこもり者が自信を取り戻すには、無理なく楽しみながら達成感をえる経験を積むことが可能な居場所活動が大切である。その社会参加する入り口場面の居場所を通して多くのひきこもり者は自らの経験を活かす取り組みに着手してきたといえる。

それはすでにEさんの手記で見てきたように、自分の経験談であったり、当事者会の手伝いであったり、私たちNPOでいえば、さまざまな社会貢献活動であったりするのである。

勝山実（2011年）によれば、「ひきこもり中年男子のほとんどは、裸一貫でひきこもってきた叩き上げ。資産というとお金のことばかり目が行くが、ひきこ

もりの場合、資産と言えばひきこもり経験のことである。ひきこもり年金の積み立てくらいの気持ちでひきこもり経験を若いうちから語ってほしい。コミュニケーション能力だとか、自分に自信をもつこと、成功体験とか、そんなものはいらない。自分が大切に思っていることを話すことだけが、ひきこもりに必要なこと」であると述べ、「ひきこもり資産活用」の大切さを語っている。

　私たちNPOで、会報出版事業にみるような形あるものをつくりだすことにこだわりをもってやってきたのも、ひきこもり経験という資産を活かす意味において、また達成感をともに味わうことができる意味においても重要であると思ってきたからである。私は、「対話や行動面などに多少たりとも不器用などがあったとしても、多くのひきこもり者は感性豊かで多彩な能力をもった将来の地域を支えていく街の宝である。こうしたひきこもり者一人ひとりを活かすことができないまま見て見ぬふりをしてこのまま放置してしまうことは社会の大きな損失と言わねばならない。彼らに活躍できる場面をつくりだすことは支援者の役目でもある」と述べた。(田中敦、2013年)

　そうした彼らの活躍できる機会や場面を地域にどのようにつくりだしていくかがこれからのひきこもり者支援にとって大切となっていくだろう。

　すでに人口約3,900人の秋田県北部にある藤里町では、地元の社会福祉協議会(2012年)が中心となって、職員を増員し、ひきこもり者へのアウト・リーチ支援や働く場を創設し、地域のひきこもり者を活かしたユニークな町おこしを展開している。とくに若者離れと過疎に悩む地方都市はひきこもり者が唯一街に残る将来の担い手となりうる貴重な若者としてみていく視点はこれからますます大切になろう。

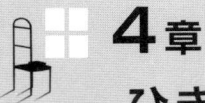

4章 ひきこもりピア・サポーターの可能性

1 ひきこもり地域拠点型アウト・リーチ支援の必要性

　ひきこもり資産活用としてひきこもり者が主体となり、ひきこもりの経験を積極的に地域に活かす取り組みとして今後大きな期待が寄せられるものがある。その一つが、2010年度からNPOで実施するひきこもり経験者が地域に赴きアウト・リーチ支援を行なう「サテライト事業」である。

　サテライトとは、野球でたとえていえばサブ・グラウンドのようなものである。アウト・リーチの語義そのものが手の届かない人のところに手をのばすという意味であるとすれば、サテライト事業は本拠地からでは手の届きにくい人たちのところへアウト・リーチ支援していくことを意味する。

　アウト・リーチ支援には図6に示すように、狭義のアウト・リーチ支援と広

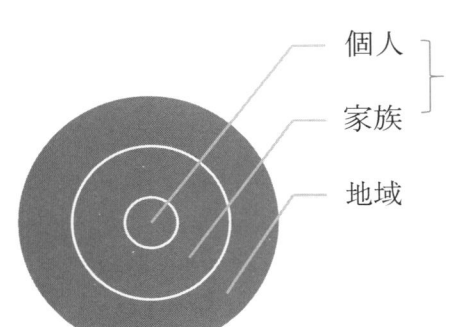

個人 ┐ 狭義のアウト・リーチ支援
家族 ┘ 訪問支援/手紙・電子メール

地域　　広義のアウト・リーチ支援
　　　　ひきこもり地域拠点型アウト・リーチ支援事業

図6　狭義と広義のアウト・リーチ支援の理解

義のアウト・リーチ支援があると考えられる。狭義のアウト・リーチ支援は従来からとらえられてきた、ひきこもり者への直接的な訪問支援やそれに関連する緩やかに手紙や電子メールで接触するアウト・リーチ支援方法が挙げられる。

狭義のアウト・リーチ支援は、ひきこもり者が見ず知らずの他者の受け入れを拒むことが多いがゆえにさまざまな困難を抱えやすい特質をもつ。家族や地域の人たちの意向だけで無理に引きだそうとするとひきこもり者の意思に沿わないアウト・リーチ支援を試みることになり意味をなさないばかりか危険が伴う。ひきこもり者が他者と会ってみたいと思えるようになることが大切である。

ピア（仲間）な立場に立つことが可能なひきこもり経験者は同様に悩むひきこもり者と接触することができる期待が寄せられるだけに、ひきこもりピア・サポーターと会ってみたいと思えるような誘いかけの工夫が準備を重ねたアセスメント（事前評価）を踏まえたうえで行なっていくことが求められる。とくに、アウト・リーチ支援を進める場合、資格や組織の肩書き以上に、その人のもっている人柄という内的な社会資源に着目し、ピアな支援者がもつ特性、苦労経験、趣味嗜好などを開示していくことは、同様に悩むひきこもり者に一つの出会いをつくりだす指標になりうる一面があることはおさえておきたい。

これに対して、広義のアウト・リーチ支援とは、ひきこもり者への直接的なアプローチにすぐに進むのではなく、ひきこもり者を取り巻く地域に焦点をあてるものである。福祉の領域ではメゾ・レベルにあたるところで、ひきこもり者に直接的なアウト・リーチ支援ができなくとも彼らを取り巻く地域にアウト・リーチ支援することによって間接的にひきこもり者を支えていこうとする方法である。本人には過度な負担を強いることなくひきこもり者を取り巻く周囲への働きかけを行なう方法論は、ひきこもりにかかわるアウト・リーチ支援として有効となりえると考えるからである。

とくに北海道は他の都府県とは異なる広大な土地柄を有する地域特性をもっており、社会資源が集中する政令指定都市札幌を除けば地方圏に行けば行くほ

ど社会資源が限定される。また社会資源が手薄な地方圏のひきこもり者や家族に対して札幌まで足を運ばせるにも経済面や心身の負担に及ぼす影響も大きい。そこで考案されたのが社会資源の手薄な地域に出向くひきこもり地域拠点型アウト・リーチ支援という方法である。

具体的には、札幌で行なっている当事者会の集まりを「サテライト事業」（札幌で実施している当事者会SANGOの会の地方版）として行なうものである。これらに力を注ぐことは、ひきこもりは自分だけの特殊なことだと思っていたが実はそうではなく、自分と同じように悩み経験してきた若者たちが身近に多くいることを気づかせ、地域にはひきこもり者を理解しようとする人たちがいることを広げることにつながる。そのことはひきこもり者がいつでも安心して地域に出やすい状況をつくりだしていく可能性も併せもつ。その活動のかなめは、ひきこもった経験のあるピアな若者たちであり、その経験値を軸としながらピアな視点でサポートするところにある。ピアがもつ力とは何か、その視点とは何かを考えることはひきこもり者の主体的な支援活動を考える意味でもとても大切なことである。

2012年度に私たちNPOが行なった北海道内12か所で実施した「サテライト事業」でえられたアンケート調査（田中敦監修、2013年）では、ひきこもり当事者会に期待するものとして、「情報提供」「居場所支援」「中間労働」が上位を占めた。広域な北海道内をカバーできるひきこもり支援情報が適切にまだまだ必要とするひきこもり者と家族の手元に届かず不足していることや、地域で気軽に足を向けることができる身近な居場所支援、さらには就労自立へとつながることができる就労手前支援事業の充実が求められている。これら上位を占めた「情報提供」「居場所支援」「中間労働」という3つの役割をうまく機能させるためにも必要な情報を適切にひきこもり者や家族に届け、またひきこもり支援団体機関が運営する多様な居場所につなげ、就労に向かう幅広い社会参加を促進するためには、人と社会資源を結びつけるひきこもり地域拠点型アウト・リーチ支援が欠かせないものとなっている。

2 緩やかな手紙による介入から地域拠点型支援へ

　私たちNPOでは1999年9月に任意団体として発足して以来、外出が困難なひきこもり者を支援するツールとして手紙・電子メールによるインターネット相談を行なっている。ひきこもり者はさまざまな不安があって人との接触や行動が思うようにできないことが多いため、電話や対面による直接的な支援が難しい。

　そのため手紙や電子メールにみるインターネット相談があることは個別的な初期相談を進めていくうえでも重要なチャンネルとなっている。またひきこもり者が行動を起こす際に求められる行き先の道順や施設の利用方法などを事前にインターネットがあることによって調べられて確認できるなど、社会との接点をもって安心してひきこもりからの第一歩を踏み出す一助になりうる側面をもっている。

　たとえば私たちNPOでは2000年5月から、ひきこもり者が自らの創意工夫でイラストや取材、編集、発送作業までを一手に担う会報「ひきこもり」通信を隔月年6回刊行している。ひきこもっていても、在宅にいながら何か社会に貢献できる活動はできやしないか、その思いから考案されたのが会報づくりであった。どちらかというと内気で内向的なひきこもり者がパソコンとインターネットを駆使したインドア型NPO活動として担える会報づくりに着手したことはそれぞれの得意とするポジションを活かす試みとして大きな力となっている。

　さらに2007年からはこうした諸活動を通して外出が可能となったひきこもり者が自由に安心して集える当事者会「SANGOの会」を札幌で発足した。サンゴとは先に示したとおり35歳を意味する。近年35歳はいろんなところで分岐点として注目されてきた。フリーターの定義も35歳未満であるし、ニートも現在は40歳未満となったが当初は35歳未満であった。2000年代になってからは書店に行くと35歳を含んだタイトルのものが結構目にすることがあった。社会

のなかでいわば35歳は一つの起点になっているし、ひきこもりを含めた若者支援そのものは30代までが基本となっている。

その意味で35歳を起点にした集まりをもつ意義はある。現在、初心者向け例会を含め月2回開催しているが、概ね35歳前後のひきこもり者が毎回10人前後参加し、若者の範疇から外れ支援の谷間に陥りやすい成人期以降の居場所支援として重点的に活動を展開している。

2010年度からはこれらに加え地方圏に当事者会SANGOの会の拠点を移す、「サテライト事業」を開催してきた。ひきこもり者を支える親もすでに年金生活者となり、無職であるひきこもり者は移動する交通費にも気を使う生活をしている。社会的な孤立を防ぎ、他者とのつながりを促進するためにも地方圏に赴く意義はそこにもある。

「サテライト事業」は、ひきこもり者やその家族が気軽に集まれる居場所がない地域でも、この集りを通して、同じような仲間とつながり、さらにはその活動を通して身近な地域にも当事者会がいずれは発足していくきっかけになればと願って実施してきたものである。「サテライト事業」は参加者からも事後評価として好評を得て、2012年度からは「サテライト事業」をさらに発展させた「ひきこもり地域拠点型アウト・リーチ支援事業」のモデル形成をつくることに至った。そのモデル概要をここで解説しておきたい。

3 家庭訪問とアウト・リーチ支援との相違点

まずはじめにアウト・リーチ支援と家庭訪問との相違点について整理しておきたい。アウト・リーチ支援とは家庭に行って勉強をしておしゃべりをして帰ってくる家庭訪問（home visits）あるいは家庭教師（private tutor）とは異なるものである。ところがわが国ではアウト・リーチ支援と家庭訪問などが混同して議論されているところが見られる。また、理念なきアウト・リーチ支援は危険性をはらむところがある。

アウト・リーチ支援とは、障害や病気などの何らかの事情で支援の手が届き

にくい人たちに対してこちらから手をのばして、つなげていく支援を意味する。支援を必要としているひきこもり者や家族が手を出していてもそれに気がつかないで見逃しているケースもあれば、手をのばしても支援機関に届かないで適切な支援に結びついていないことも少なくない。そうしたケースが起こらないようにこちらから積極的に手をのばしてつないでいく支援のことである。

専門機関で行なわれている包括型地域生活支援プログラム（Assertive Community Treatment, ACT）をはじめ、精神障害者アウト・リーチ推進事業や訪問看護などがそれにあたるとしてよく知られている。相談機関や医療機関などの援助提供機関に来ることかできないか、あるいは来ることを好まない人たちに対して、サービスの情報提供や助言をしたりするケア・マネジメント機能の一領域として理解されている。

今日的なひきこもり状況を見た場合、長期・高年齢化の進行が続いている家庭が多く見られる。こうした家庭には消極的な姿勢では適切な支援に結びつかず、家族対応の限界から親子が地域で孤立するケースも少なくない。これら予防策として積極的に地域に出向き適切な支援につなぐアウト・リーチ支援の意義は大きい。

またこれらとは別に、家庭訪問とアウト・リーチ支援の両面を兼ね備えた支援方法もある。訪問型子育て支援「ホーム・スタート」がそれである。福祉や教育、医療保健分野における児童家庭への新たな援助方法として「ホーム・スタート」は世界のトレンドになってきた。

西郷泰之（2007年、2011年）によれば、わが国でもすでに実践場面にこれを導入したホーム・スタート・ジャパンとしての展開が見られることを述べている。2000年代に入り、英国のブレア政権によって子どもや家庭に関する壮大な実験が取り組まれてきた。シェア・スタート・プログラム（sure start program）もその一つである。このプログラムを実施するにあたり二つの方法が重要なスキルとして位置づけられている。

一つはアウト・リーチ支援、もう一つはホーム・ビジティング（家庭訪問）である。そしてこれら実践の拠点となるのが、シェア・スタート・センターと

呼ばれる、いわば児童家庭を対象として予防的な介入を重視する地域包括支援センターである。わが国には児童や青年、ひきこもりに特化した地域包括支援センターは見られない。

　しかし、その一方ですでにわが国に設置されている介護保険法に定められた地域包括支援センターからは、ひきこもりにかかわる相談がもち込まれることが近年多くなってきたことが指摘されている。要介護で高齢者相談に訪れた高齢になる母親から、長期にわたりひきこもりに陥っている長男の悩みが話されたことで孤立を予防するアウト・リーチ支援へとつながったケースが見られた。また父親のことで地域包括支援センターに介護相談で訪れた娘が愚痴ったわが子のひきこもり相談に関心を示したソーシャルワーカーが適切なアウト・リーチ支援へとつないだケースもあった。本来位置づけられた組織業務外の仕事であったとしても、その相談機関の臨機応変な対応によって救われていくことが少なくない。ひきこもり相談は保健センターや子育て支援センターがあるではないか、あるいはひきこもり地域支援センターが今後その一翼を担っていくべきではないかと、どこかに押しつけるのではなく相互に協力し合える関係性を身につけていく柔軟さがひきこもり支援にはやはり欠かせない。

4　メゾ・レベルによるアウト・リーチ支援の有効性

　アウト・リーチ支援は彼らを支える親が高齢化していくなかで、ひきこもり者が孤立しないで安心して生活できるように考えていくことである。そのようにとらえていくと長期・高年齢化するひきこもりが増加している今日においては、なかなか相談場面や本人との接触がままならない現状のなかで、支援の方法の一つとしてアウト・リーチ支援のニーズは一般的に高いと見てよい。しかし、実際はアウト・リーチ支援が有効的に活用されていることは少なく、利用率も低いように思われる。そこには本人がこうした介入を拒む現実がある。しかしひきこもり者も現状のままでよいとは思ってはいないとすれば、何とかしたいと思うひきこもり者の意思を尊重したアウト・リーチ支援の検討を続ける

必要がある。当然として、ひきこもり者と対等な立場になってかかわることが可能なピアなひきこもりサポーターへの期待も大きくなると思われる。

　私たちNPOは、こうした状況を鑑み、個人への直接的なアプローチがすぐには困難な状況から地域や近隣に働きかけるメゾ・レベルのアウト・リーチ支援の有効性に注目してきた。それを理論づけたのは、ロバート.M,サンレイ（1968年）の次の指摘である。

　ロバート.M,サンレイは、ひきこもりがちな親が親切な住民の誘いかけを受けコミュニティセンターのミーティングに参加することで、日頃打ち明けられないでいたわが子の悩みをソーシャルワーカーに表出することができた事例を挙げている。そして個人に焦点をあてて働きかけるアウト・リーチ支援ではない、近隣や地域など当事者を取り巻くメゾ・レベルを基盤にしたアウト・リーチ支援の有効性を説明している。

　メゾ・レベルとはソーシャルワークの視点の一つで、マクロ・レベルとミクロ・レベルの中間にあるシステムのことである。地域社会や団体機関などがこれに相当する。今、社会ではひきこもりを中核にして生きづらさを感じている若者たちが増幅している。この生きづらさをつくりだす背景を考えるとき、その個人を取り巻く環境そのものを無視することはできない。私たちの生活困難そのものが個人だけの要因によって起こりえるものではなく、それを取り巻く環境との折り合いによって起こっているとすれば、そこに適切に介入し、環境調整を図り、よりよい状況に改善していくことが求められる。その際、ミクロ・レベル、メゾ・レベル、マクロ・レベルの3つの領域をアウト・リーチ支援のなかに取り込む必要がある。

　ここで示されるミクロ・レベルとは、社会的に孤立しているひきこもり者と家族の発見につとめることを意味するが、こうした情報把握は外側からは見えないだけに一般的になかなか困難を有することが多い。また、見ず知らずの他人がいきなりひきこもりの家庭に訪問支援することも容易なことではないことは述べてきたとおりである。そのため、ひきこもり地域拠点型アウト・リーチ支援「サテライト事業」を通して地域に潜在化するひきこもり者の発見と掘り

起しを進め、居場所のない地域にあっては安心して集うことが可能となる地域資源を開発していく支援を進めることが必要となる。こうしてミクロ・レベルでは困難であった課題が、メゾ・レベルにアプローチすることによって顕在化することができるのである。

　さらに、こうしたパラダイムは、アウト・リーチ支援に欠かせないマクロ・レベルに位置する社会変革をつくりだすことを意味する。地域のひきこもりにかかわるさまざまな課題から、よりよい社会づくりのための協同作業をひきこもりピア・サポーターが当事者たちや地域の人たちとともにムーブメント化していくことが期待される。ひきこもり者を活かす社会はすべての人たちが幸せになれる社会でもある。とかく意見表明が弱く自分の思いを言語化できないひきこもり者がこうした取り組みを通して、単なる社会参加者から社会参画者に変化していくプロセスに大きな希望を寄せるものである。

　メゾ・レベルを基盤としたアウト・リーチ支援とは、ミクロ・レベルではなかなか会うことのできない消極的になりがちなひきこもり者と家族に対して社会資源が不足している地域を拠点にメゾ・レベルとして「サテライト事業」を展開するものである。そのことによって地方圏に潜在する悩むひきこもり者と家族の発見と孤立の予防を図り、社会への理解を促進し、ひきこもり者の第一歩の力をつくりだす。

5　ひきこもりピア・サポーターの視点と役割

　こうしたメゾ・レベルを基盤とする「ひきこもり地域拠点型アウト・リーチ支援」にかかわる支援者は、ひきこもりを経験した人たちで構成され、自らの経験値と当事者性を活かしたひきこもりピア・サポーターとしての役割をもっている。

　ひきこもりピア・サポーターは、支援に必要とされる基本的な価値倫理、知識、技術を習得しつつも、ひきこもりピア・サポーターの役割やピアな視点をピア・カウンセリングや心理療法などに代表されるような何か専門職じみた支

援の安売りを行なうものではない。多くの識者が指摘するように「ひきこもり経験も専門的知識と同等、またはそれ以上の知識でリアリティを伴う体験的知識である」とするならば、むしろ、ピアな視点、ピアらしさとは、いったいどのようなものだろうか。

　そこには「人生まっすぐ歩いてきた人たちよりも、躓いたり、立ち止まったり、右往左往しながら曲がりくねった道を歩んできた人のほうが人生そのものは豊かである」という視点がある。「私もあなたと同じように悩み、苦労をしてきました」という「弱さ」や「不器用さ」といったなかにピアな力があると見るべきであろう。そして、こうしたピアなユニークな眼差しとチャンスの数々を通して「あなたにできるのなら、もしかしたら私にもできるかもしれない」という希望の源へと結びつくのである。（カタナ・ブラウン、坂本明子監訳、2012年）

　その意味で「ひきこもりには就労経験がない。だから、彼らが職業訓練を受けるというならまだ理解できるとしても、彼らが職業訓練を施す側にまわるというのはだれが考えてもおかしいことになる。（神山新平、2008年）」などのような、ひきこもり経験者が支援者にまわるなどありえないとする主張は果たしてそう言い切れるのか、今一度再考する必要がある。

　ひきこもり経験者が相談支援に応じることなどできないという一つの考え方は、支援者としての一つの傲慢な態度そのものを物語り、そうした傲慢さにみられる支援の脆さを当事者側からときには厳しく批判を浴び、ともに議論し、お互い一人の人間として切磋琢磨することは必要なことではなかろうか。そうでなければ専門職は裸の王様になりかねない。そこにピア（peer）として役目があるように感じる。

　ひきこもりピア・サポーターの養成については2013年度から厚生労働省でも導入がはじまった注目されている領域であるが、まだまだその養成カリキュラムや導入にあたっての方法論として課題が残っている。

　だがここでいえることは、ひきこもりピア・サポーターがひきこもり経験者だから大した支援は望めないという見方に立って実費弁償程度の奉仕者でよい

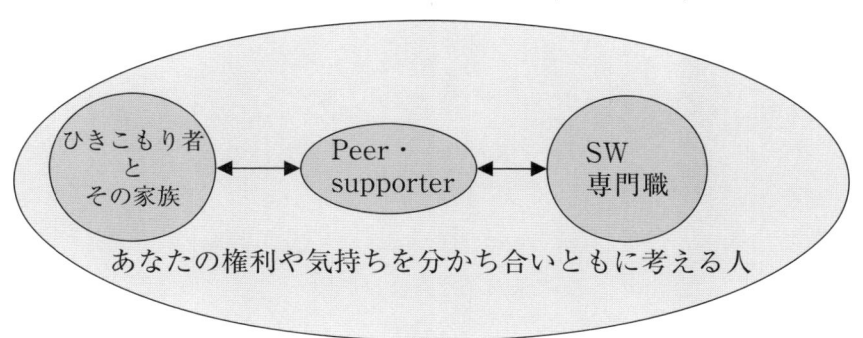

ひきこもり・アドボケイター（advocator）

```
┌─────────────────────────────────────────────┐
│  ┌─────────┐     ┌──────┐     ┌──────┐      │
│  │ひきこもり者│ ←→ │ Peer・│ ←→ │  SW  │      │
│  │   と   │     │supporter│    │ 専門職 │    │
│  │その家族  │     │      │     │      │      │
│  └─────────┘     └──────┘     └──────┘      │
│   あなたの権利や気持ちを分かち合いともに考える人    │
└─────────────────────────────────────────────┘
```

図7　専門職とひきこもりピア・サポーターの役割

ということにはならないだろう。ピアなサポーターが有資格者の専門職と対等に支援の立ち位置に立っていくためには、ひきこもりピア・サポーターの視点と役割を明らかにしていくことが求められる。そのなかでとくに注目されているのが、ひきこもり・アドボケイター（advocator）としての役割であろう。アドボケイターとはソーシャルワークの領域では代弁者と理解される。もう少し広くとらえれば権利擁護となる。自分と同じようなひきこもり者や家族の代弁者となって専門職とともに支援の現場で活躍することはある意味支援の見極めを客観視し、支援のミスマッチングを予防する質の高い支援形成に寄与する大きな役割を発揮しうる可能性をもっている。

　図7に示すように、ひきこもり・アドボケイターは、有資格者の専門職とひきこもり者と家族とのよきパートナーとして、専門職に適切な助言を行ない、またひきこもり者と家族の権利を守る活動をしていくのである。

　具体的にたとえるならば、ひきこもり支援産業などから早急な解決を求めるばかりにひきこもり者の権利を見失った半ば強引に家庭から引きずり出そうしている支援策に対して、「ちょっと待て」とストップをかけたり、支援の方向性に「それはちょっと違うのではないか」とアセスメントから支援計画のプロセスの途上で助言をしたりするのである。

また、ひきこもりの硬直した家族関係にあるケースに専門職のような本格的な仲介活動はできないにしても、ひきこもりピア・サポーターが、ひきこもり者にかわって親たちにさりげなくひきこもりにみられる気持ちを伝えたり、また一方ではひきこもり者には親たちの伝えられない気持ちをそっと伝えたりする。このようなひきこもり者と家族の仲介者的役割としての働きも期待が寄せられるだろう。

　さらに、ひきこもり支援は一つの機関がどうしても自己完結的に抱え込む性質をもっている。自分のところで抱え込まずに、そのひきこもり者にとって他のサービスを利用したほうがより適切であると判断された場合には、多様な支援を利用できるよう、リンケージ（連携）することはひきこもり支援には必要なことであろう。そうした重要な気づきもひきこもり・アドボケイターが教えてくれるのである。

　そのような観点から、ピア（仲間）な視点として大切なことは、「自分にされて嫌なことは、決して相手にもしない」ことであり、「私も同じようにひきこもりに悩んできたんだ。その悩みは同じ、よくわかる」とその苦労を共感する力に見出すことができる。この視点はピアに見られる一つの支援観といえよう。

6　リカバリー・ストレングス・レジリアンスの視点

　ひきこもりピア・サポーターは、有資格者の専門職を決して否定するものではない。支援とは支援する側、される側という対極的な関係性を超えた関係性によって成り立つものである。支援の受け手であるひきこもり者はもはや欠陥の束をもつ対象ではなく、彼らは潜在能力を隠しもつ主体であり、支援という営みはかかわる人たちが協同的に課題を解決するプロセスを示すものである。

　ひきこもりピア・サポーターと専門職との協同的関係性から求められることは、揺れ動く曖昧性のなかから希望を見出すことである。ひきこもり者は生きる意味とか働く意味とか、自分とは何か、という問いに深く自分なりに考え問

い続けている。

　では、その自分としての答えを出すための揺れ動く曖昧性のプロセスとは何か。それは、仲間との信頼関係を築くなかで勇気をもらったり、少しずつ前向きになって自信を取り戻したり、一方で働いていない自分を卑下したり、ときには働くことや生きていることの意味を見失ったり、アルバイトを始めても長続きしなかったり、再度ひきこもってみたり、このような右往左往しながら、社会との接点を模索する過程のことである。つまり、たとえひきこもっていても、揺れ動いていても、いつでもそこからまたやり直せる、出発することができるということを理解することである。

　こうした人間の歩みは、よく旅（過程）にたとえられる。一人ひとりの旅は異なっていてもかけがえのない一人の人間として尊重され、さまざまな生き方が大切にされなければならない。その意味でひきこもりピア・サポーターは、リカバリーとストレングス（長所）、そしてレジリアンス（回復力）の視点に立つといえよう。

　パトリシア・ディーガン（1996年）によれば、「リカバリーとは旅（過程）であり、生き方であり、構えであり、日々の挑戦の仕方である。平坦な一本調子の直線的な旅（過程）ではない。ときには道は不安定になり、躓き、旅の途中で止まってしまうこともある。けれど、再び旅は気を取り直してもう一度はじめることができる」という。

　この旅で必要とされるのは、自分の旅の過程に立ちはだかる壁としての障害の挑戦を体験することである。障害による制限のなか、それを乗り超えていくことで、健全さと意志という新しく貴重な感覚を再構築することができるのである。リカバリーの旅で求めていることは、地域のなかでふつうに「暮らし」「働き」「愛し」そこで『自分が重要な貢献』をすることである。ひきこもり者は多くのことを求めてはいない。「フツウ」に暮らし、働き、愛し、地域に貢献することなのである。その「フツウ」ができなくて日々苦しんでいる。

　そうしたなかで、ひきこもり者自身のストレングス（長所）を知ることは、たとえ障害や弱さがあっても、あなたの生活をあなたらしく生きていくことで

ある。あなたの生活のなかで短所の部分ではなく、普通に成し遂げられる部分にスポット・ライトをあてることは、そのストレングス（長所）の部分をさらに膨らませていくことにつながる。ひきこもりを経験していてもそのことを活かし、自分らしく生きて地域の重要な役割を果たすことができる可能性のある人たちなのである。その意味で実践の主要な場面はそれぞれの地域であること、そしてその地域は社会資源の宝庫としてとらえていくことにほかならない。

　そしてさらにアウト・リーチ支援の理念で重視したいのは、「レジリアンス（resilience）」の考えである。レジリアンスは、困難な状況や心理的ストレスなどの精神疾患への環境的なリスク因子に対抗できる力であり、逆に環境的な保護因子はレジリアンスを高めると言われている。人間は常に困難にぶちあたるが、そうした状況下にあっても切り抜けられる力もまた本来人間がもつ力でもある。「肯定的な未来志向性」「感情の調整」「興味・関心の多様性」「忍耐力」の諸要因がレジリアンスの状態にある者に特徴的な心理的な特性であるという。その意味からも、アウト・リーチ支援は無理なくこうしたレジリアンスを涵養することが大切である。

　ひきこもりピア・サポーターが行なうアウト・リーチ支援は、苦労をともにしてきたパートナーシップとしての役割が重視される。他人と会って行動するだけでも大変なひきこもり者が、一つの事業をみんなで協同しながら取り組むには必ず苦労がつきものである。しかし、こうした苦労をともにし自分の苦労も他人の苦労も分かち合う作業を通して、そこに一つの生きる場を見出し、人とのかかわりや社会とのつながりをえて、何かしらの社会に貢献する意義から自分を感じ取ることができる。その意味でパートナーシップの役割とは、優しく、温かい眼差しをもって、無理なく当事者の目線で同じ苦労をともにしてきた者の伴走的他者として、彼らの権利を擁護し、積極的に粘り強く、地域社会のなかで、包括的にかかわることである。そして積極的に粘り強くかかわるためには、そのひきこもり者の可能性を信じることである。彼らはいつでもリカバリーし、よりよい生活を改善しうる能力をもつ存在である。そして、ひきこ

もりは決して欠陥の束ではなくこれからの新しい地域を創り出す重要な担い手になっていく街の宝である。支援機関の単なる対象ではなく主体者として地域のコーディネーターになりうる存在なのである。アウト・リーチ支援を通して出会うさまざまな支援者や地域の人たちとの関係性が根本であり本質なのである。私たちの活動の場所は地域であるということである。地域には私たちひきこもり者を活かすさまざまな資源のオアシス（宝庫）としてみていくことが求められる。（チャールズ・A・ラップ／リチャード・J・ゴスチャ、田中英樹監訳、2014年）

7 ピアな視点がもたらす問題解決に適した介入方法

　何らかの理由で傷ついた心身を癒し、ひきこもりからの一歩を踏み出すきっかけもまた人との関係性の影響が大きい。傷つけられた心身を癒されるのもまた人である。その人がそこにいるだけでホッとするということがある。親から何回も言われた一言よりも他者から言われた一言によって心を打たれたということもある。この人なら、安心できる、会ってもいいと思えることが大切であり、有意義な他者との出会いが大切であることから、心を許せる関係性がつくりやすいひきこもりピア・サポーターの役割が大きい。

　アウト・リーチ支援は、自宅にひきこもる当事者にとっては生命の危機にかかわる危機介入は別にしても招かれざる客であり、遠ざけたい侵入者を意味することが多い。しかし、ひきこもりという旅には必ず転機があるとするならば、今の状態から一歩踏み出そうと思う時機にかなうアウト・リーチ支援の意義がある。

　いきなり家庭訪問をすることが困難であっても、手紙や電子メールなどを活用し間接的で緩やかなアウト・リーチ支援をもって接触を試みる。ピア（仲間）な立場として「サテライト事業」の集会に誘いかけ、地域資源を活用して家族支援を通したひきこもり者を支える。こうしたアウト・リーチ支援の発想からは、当事者のニーズ充足を優先して、問題解決により適した介入方法を用いるというソーシャルワークにおける包括的で総合的な支援の重要性を改めて波及効果として認識することができる。

とくにひきこもり者に無理のない手紙などの接触方法は有効な方法であり、見返りを求めない介入方法の意義はそこにある。手紙による相談についてはさらに詳しく後述したいと思うが、今日手紙と一言にいっても多様であり、絵手紙もあればしっかりと文章が書かれたもの、電子メールからチャット、SNSまである。ひきこもり支援で大切なことは「あなたのことを気にかけていますよ」というさりげないメッセージの発信である。多くのひきこもり者は自分がいつこの家から追い出されるか、また将来的に親が死んだら自分はいったいどうなるのだろうか、という不安をどこかに抱いている。だからこそ「あなたのことを気にかけていますよ」という発信はとても重要である。その発信はこちらから見返りを求めない片思い的な発信、無償の愛のなかに効果を引き出せる期待がありうる。その意味で、絵手紙やイラスト、写真などをうまく活用し、そっとコメントを添えて送る手のぬくもりのあるメッセージは緩やかなアウト・リーチ支援としてとても大切なことである。

8 サテライト事業の利点とは何か

「ひきこもり地域拠点型アウト・リーチ支援事業」の全貌を明らかにしたものが図8である。図8に示すように地域のなかには「どうしたらよいか途方に暮れているひきこもり」など、さまざまな困難事例が有する。そして、そうしたひきこもりケースが地域にあるさまざまな支援機関に持ち込まれている。メゾ・レベルに基盤とした「ひきこもり地域拠点型アウト・リーチ支援事業」がこうした専門機関との有機的な連携と情報提供をお互い図りながら、相互補完的に協力し合い協同して支援を進めることが期待されている。こうしたピア（仲間）な視点に立つ支援者たちが行なうひきこもり地域拠点型アウト・リーチ支援「サテライト事業」の意義には次のような五つが挙げられる。

一つは、ダイレクトな訪問支援が難しい家庭でもサテライト事業には誘いかけやすくひきこもり者や家族も比較的参加しやすい。ひきこもり者や家族が自宅や自室に他者が来ることに抵抗感や不安感をもつことが少なくない。その

際、自宅にほど遠くないところに参加しやすい地域拠点があることは、足を運びやすい利点をもつ。

二つ目には、ひきこもり地域拠点型アウト・リーチ支援「サテライト事業」をつくることによって孤立しがちなひきこもり者と家族を発見することができる。地域にどれだけのひきこもり者がいるのか、その実態はなかなか把握しづらい側面をもつ。ひきこもり者やその家族は世間の目があってすぐに悩みを表明しづらいことや相談自体をあきらめてしまうところもあり、さまざまなかかわりが必要となる。その意味で積極的に地域に出向くアウト・リーチ支援によって個別支援へとつながるケースも少なくない。

三つ目には、ひきこもり者と家族が同じ悩みをもつピア（仲間）とつながることで孤立を予防することができる。ひきこもりでとくに陥りやすい傾向に視野狭窄がある。たとえば自分だけがこのような無様なひきこもりになっている

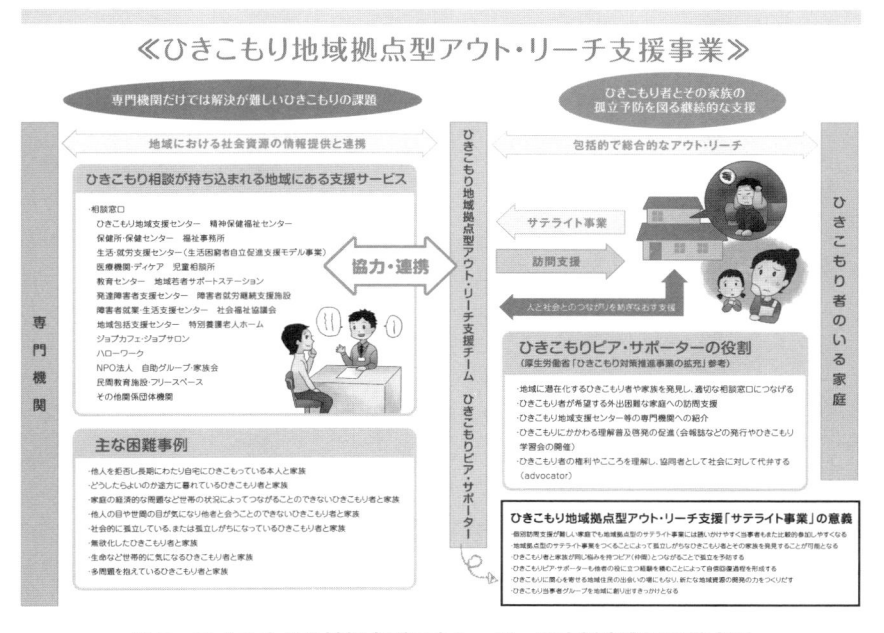

図8　ひきこもり地域拠点型アウト・リーチ支援事業展開模式図

のではないか、家族もわが子がひきこもりになったのはこれまでの親の育て方や接し方に問題があったのではないかと思い込んでしまう。そうした視野狭窄の固着を緩め、視野を広げていくきっかけとなるのがピアな立場に立つ他者との有意義なつながりである。彼らとの出会いは「ひきこもりは自分だけではない」ということを気づかせてくれる。

　四つ目には、ひきこもりピア・サポーターも他者の役に立つ経験を積むことによって自信回復過程を形成することができるということである。ひきこもりにとっての唯一の資産がひきこもり経験だとすれば、その経験が少しでも他者の役に立つということは「自分でもまだまだ社会に役立つことがある」という実感を与えてくれる。ひきこもり者の一歩前に踏み出す力とはそうした貴重な一つひとつの経験の積み重ねであり、自分に役立つことがあるという関係がとても大切だと思われる。

　最後、五つ目には、ひきこもりに関心を寄せるよき理解者としての地域ボランティアの出会いの場にもなり、新たな地域資源を開発する力を創り出し、ひきこもり当事者グループを地域につくるきっかけにもなりうるということである。ひきこもり地域拠点型アウト・リーチ支援「サテライト事業」にはさまざまな人たちがやってくる。ひきこもり者本人や経験者、その家族、そしてひきこもりに関心を寄せる市民である。そこにはひきこもり者を理解し、支えていこうという思いをもつという点において共通するものである。最初は愚痴めいたことを発していても、次第に「サテライト事業」を続けていくうちに、これからどうすればいいのか、という建設的な話し合いにつながることがある。ひきこもり当事者会がなかった地域に新たな集まりが誕生したり、ひきこもり家族会がつくられたり、ひきこもりの居場所としてのサロンがはじまったりする。そこからは街づくりという新たなコミュニティをひきこもりという一つの事例を通してどうつくりだしていくか。どのようにすればすべての地域住民が安心して幸せな生活ができるのかという創造的な福祉へと進むのである。

　しかし一方では、こうした「サテライト事業」における課題もいくつか残る。「サテライト事業」が単発開催であるがゆえに、利用できるひきこもり者

の体調や家族の都合などによって参加できない人もいる。とくにひきこもりが高年齢化することにより支える家族もまた高齢化し、さまざまな事情で「サテライト事業」に赴くことができない人がいる。また事業そのものが資金面からも期限付きで限定されているものであれば、事業年度が終了してしまえば、そこで立ち切れになってしまう可能性もある。ひきこもり支援というものは実践展開しながら見直しをかけつつ息長く継続して行なっていかねばならない側面をもっている。とくにひきこもり者や家族によっては、先に触れたように世間の目などによって居住地域の支援団体機関を利用することに抵抗感をもつ人たちもいる。その意味でNPOが地域に出向き「サテライト事業」を展開する意義はここにも見出すことができる。そうした当事者たちが引き続き利用できるよう継続してフォローアップしていかねばならない。

　また、話し合える相談場面というものは、いつでもどこでも受けられるという視点が重要である。そうでなければ、ひきこもり者や家族も安心して地域で生活をすることができないだろう。地域に網の目のようなひきこもりの相談できる場がつくられ、それぞれが個々に機能するだけではなく互いに尊重し合いながら、手をつなぐ支援が必要となろう。これからのひきこもり対応には、相互補完的に協力し合いながら、それぞれの支援団体機関の資質を高めることが求められているといえよう。

　さらに、これにつけ加えてこうした課題を克服していくためには、ひきこもり経験者が運営するNPOをバックアップする仕組みが求められる。ひきこもりピア・サポーターが単なるボランティア的な支援で終わらないためにも資金援助を含め、地方自治体などの行政機関、福祉団体機関との連携や、地域の学生、そして市民の協力も欠かせないことはいうまでもない。

❾ サテライト事業から個別訪問支援へとつなぐ

　最後にアウト・リーチ支援を進めるにあたっての、いくつか注意しておかなければならないことを記しておきたい。まずは、ひきこもりの解決がこうした

アウト・リーチ支援やひきこもりピア・サポーター配置によってすべてなされるものではない。ひきこもり支援には、まずもって包括的で総合的な支援が必要であり、そのための総合相談体制が重要である。その総合相談体制の一つにしっかりとアウト・リーチ支援を位置付ける必要がある。そのうえで、ひきこもりピア・サポーターが誰のための何のための支援なのかを理解する必要があるだろう。少なくとも、ひきこもり者が家族以外の他者（家族とも関係性がうまくいっていないこともある）と会えない状況にあるとするならば、その時点でのアウト・リーチ支援による介入は困難極めることが必定である。

　ひきこもりピア・サポーターとしてのアウト・リーチ支援が、早期の解決を求める家族の思惑や専門機関の支援者の行き詰まりからもたらされる介入として理解されてはならない。アウト・リーチ支援の基本は家族や関係機関との相談を継続していくなかで、支援者が訪問することを当事者が納得する、あるいは希望するときに行なわれるものである。ひきこもりピア・サポーターは、生命にかかわる危機介入は別にしても、ひきこもり者が先に図4や図5で示した「ひきこもりのプロセス理解」を踏まえた、ひきこもり者が現在置かれている生活の全体をしっかりととらえ、十分すぎるくらいの準備に準備を重ねたアセスメント（事前評価）が前提として行なわれなければならない。ひきこもり者の生活の全体とは、相談機関が行なうアセスメント・シートにあるだけの項目の情報把握に留まらず、そのなかではとらえきれないひきこもり者の普段状況としての余暇活動なども含むものとして理解していくことが大切である。

　そのことを理解したうえでひきこもりピア・サポーターとは国家資格をもつ有資格者ではない、一つの名称であり、称号であるが、プロの専門職にはない視点と当事者性を併せもつ支援者たちである認識に立つ。プロの専門職とひきこもりピア・サポーターとの対等な協同的関係性をとるピア（仲間）として支援をとらえていくことが大切である。無論、この関係性のなかでひきこもりピア・サポーターが学習を重ねながら国家資格の有資格者となって協同していくプロセスにつながることも含むものである。そうしたひきこもり経験者も近年多くなってきたことはとても心強いところである。

また、少なくとも地域のなかで孤立しているひきこもり者や家族が専門機関につながるまでには、ひきこもりの支援現場の実情をみる限りかなりの時間を要していることが多い。その結果として家族の行き詰まり、煮詰まり現象から強引な引出し手段を講ずることが起こりえる危惧がある。そのためにひきこもりピア・サポーターが同様に悩むひきこもり者とその家族が煮詰まり現象を解きほぐし、ひきこもりの理解を促す働きかけが求められる。

　たとえば、山中康裕（1978年）は、ひきこもりの状態を「ひきこもっている間、彼らの心的エネルギーは内へ向かって、内界の活動に費やされ、この間、外的には一種の不適応状態になる。しかし内では、青年期の大きなテーマであるアイデンティティの形成が行なわれ、それが確立されるとエネルギーし再び外に向かい始める」と述べ、ひきこもりを発達成長していくための過程としてむしろ必要なものとしてとらえている。

　また、同様に河合隼雄（1980年）も、「思春期を蝶のさなぎに喩え、子どもとしての幼虫時代が終わり、大人としての成虫になる前のさなぎが思春期にあたるとして、外からはじっとして動かないように見えるが、なかではものすごい変容が起こっている」と述べている。河合隼雄が述べる思春期をさなぎに喩えるならば、青年期はいわば、まゆだまに置き換えられるかもしれない。いずれにしても両者に共通してみられるものは、ひきこもりを否定的に見ないで、肯定的にとらえ、ひきこもり者の発達成長の可能性を信じて支援にあたることが重要であるという意味において示唆に富むものである。煮詰まり状態にあるひきこもり家族がおさえておく必要がある内容である。

　しかし、一方では胸が苦しいといって泣き叫ぶひきこもり者を、病院に半ば支援者の判断で搬送する行為はソフト・パターナリステックな危機介入行動であるといえる。J. S. ミル（1971年）が述べるように「橋が壊れかけていることを知らないでそれを渡ろうとしている人を、役人は時間がなければ腕づくでも押しとどめてもよい」とするならば、生命の危機や今にも谷底に落ちそうなひきこもり者と家族を放置せず、救う手立てもまた求められる。しかし、そこに至る過程でも十分過ぎるぐらいのアセスメント（事前評価）とひきこもり者の権

利擁護としての当事者性の視点が求められることはいうまでもない。

またこうした危機介入は、「いつはじめるか」というタイミングの見極めが必要であり、NPOに属するひきこもりピア・サポーターが行なうというよりは、精神保健福祉法にみる法制度に基づく専門機関のプロ専門職集団によって連携し協同して取り組む課題である。厚生労働省の「ひきこもりの評価・支援に関するガイドライン（2010年）」には、次のようなタイミングに緊急性を要する危機介入的なアウト・リーチ支援が必要であることが述べられている。

一つ目には、ひきこもり当事者の心身の状態が悪化し、あるいは不安定となり、生じている事態の正確な評価、自他の生命の危険性（自傷他害を含む）、安全性の検討が必要とされるとき。二つ目には、ひきこもり当事者に精神医学的な観点から見た病的なエピソードがあり、受療の必要性についての判断や精神医学的な判断が、家族や関係機関から求められるとき。三つ目には、家族自身が重大な健康問題を抱えている、または家族機能不全を起こしており、支援者が直接当事者と会って、状況確認や支援方針を見極める必要性が高いと判断したときと述べられている。しかしこれらのタイミングは重複することも多く、緊急性が高まると同時に、アウト・リーチ支援が人的・時間的コストを要し、ひきこもり当事者や支援者双方に重大な弊害が生じる危険が伴う支援法であることから、まだまだ検討の余地が残され改訂されていかねばならないとされている。

ただその支援プロセスのなかでも、当事者に近い存在のひきこもりピア・サポーターが危機介入過程で当事者側からの意見を述べたり、障害や病気、経済的な理由、世間の目などで専門機関になかなか足が向けないひきこもり者や家族に代わってピアの立場に立つサポーターが情報を提供したりする。また専門機関との橋渡し役を担う。さらに医療機関のように大変予約が混雑し初診にかかるまでに時間を要する場合、その待機期間や悩みが煮詰まらないように共感的な態度で個別訪問相談に応じ、適切な支援へとつなぐひきこもり個別ピア・アウト・リーチ支援もまた求められるといえる。

ただし、その際注意しなければならないことは、近年見られるひきこもり者

の人権や尊厳を無視した強引な引き出しがアウト・リーチ支援には絶対あってはならない。民間団体によって付与される資格取得だけ目指されるアウト・リーチ支援者が単なる量産的に養成されていくものではないはずである。だが現にこうして量産された人たちが街中にあふれ、その後のひきこもりへの十分な理解がなされないまま、「私たちは何をしていいのかわからない」と支援活動の場探しをしている現状を見てみると、いったいこうした民間の資格支援産業とは何なのか、と疑問を抱かざるをえないところがある。

すでに厚生労働省は、2013年度からひきこもり者や家族を支援する「ひきこもりサポーター」を養成、派遣する事業を開始することを決定し、相談しやすいように「ひきこもりサポーター」には、ひきこもり経験者やその家族を主に配置する方向を示している。いま全国のひきこもり家族会では「ひきこもりサポーター」の養成に取りかかることになっているが、これまで見てきたようにしっかりとした価値倫理理念を踏まえた養成とひきこもりピア・サポーターを核にしながらも総合的な実践活動が求められるといえよう。

また、これまで実施されてきた精神障害者領域に見られるピア・サポーター養成をはじめ、2010年度からすでに厚生労働省の発達障害者支援制度整備事業にも組み込まれてきた発達障害の子どもをもつ親が同様に悩む親を支援する「ペアレント・メンター」が行なわれている。メンターとは「信頼ある相談相手」を意味する。ちょっと先を行く先輩の発達障害のわが子をもつ親が後輩の親を支えることは、精神面においても大きな力となっている。ピアでなければなしえない共感性をここでも見つけることができる。

日本自閉症協会では、養成当初から「ペアレント・メンター・ガイドライン」を設けているが、日詰正文ら（2011年）によれば、「メンター事業は、当事者会活動とは目的、方法ともに異なる活動として明確に分けて考えるのがよい」と述べている。ひきこもりと精神障害、発達障害とは決して無関係ではないだけに、今後こうした取り組みと今行なわれているひきこもりサポーターとの関係性をどのようにとらえていくか、という課題もある。

いずれにしても、ひきこもりサポーターがひきこもりピア・サポーターとし

て、ひきこもりを体験した人たちが支え、そして支えられながら自分も成長し、自己を見つめ直しながら、同様の社会的不利な状況にある若者に出会っていくサイクルが、これからのひきこもり支援形成のなかで大切になっていくだろう。

　決して支援とは強い者が弱い者に力を与えるというものではない。専門職にはわからない視点と方法をひきこもり経験者の立場から良い刺激を与えられる協同者として、期待される側面をもっている。支援されていた人間がどう支援する人間にかわっていくのか、そのプロセスの研究もすでにはじまっている。助言ではない自分も同じように悩んできたよ、と優しく語りかけられるピアの立場は、専門職にはない視点として注目に値する。

　さらにつけ加えれば、ひきこもりサポーターとしてのひきこもりピア・サポーターは、これまで述べてきたメゾ・レベルを基盤とする「ひきこもり地域拠点型アウト・リーチ支援」を機能させることによって、ひきこもり支援に欠かせない、地域へのひきこもり理解啓発を促進させる役割もまた期待される。ひきこもりを経験した若者たちが自らの経験を活かしてその苦労を語り、地域で支援していく意義はここにもある。ひきこもりに対する根強い偏見や差別はこうした地道なひきこもり経験者の主体的な活動を継続することによって少しずつ払拭されていく可能性をもつものである。

10　ひきこもり者の主体的な活動の可能性

　以上、ひきこもり支援を考えるうえで大切になるひきこもり者自らの経験を活かして社会参加していくひきこもりピア・サポーターの可能性について述べてきた。ひきこもり者が自身の経験を活かす方法はこれだけに留まるものではないだろう。全国各地に広がる安心できるひきこもり者が自由に集うことができる居場所支援の一つの試みとして当事者会活動を通して大きな可能性をひきこもり者に与え、これからの第一歩を踏み出す力をつくりだしているのである。

彼らは世間からは何もしていない人と思われているようであるが、実際は在宅状態であってもいろいろなことを思いめぐらせ、高いアンテナをのばして社会をリサーチし、豊富な読書量とともにインターネット・セクターを駆使して見識を高めている人たちである。ひきこもり者は私たちには見落とされがちな現代社会の盲点を気づかせてくれる、これからの新しい時代をリードする可能性をもった人たちであると位置づけることができるだろう。

　居場所支援としての当事者会活動では、自分だけではえられにくい同じ悩みをもつ仲間から与えられるエネルギーが大きな力になっている。漠然とした不安感にさらされるひきこもり者に内在するモヤモヤした気持ちを徐々に紐解くには仲間の力が大きい。そこには「自分も同じ悩みだよ」とする共感性と仲間意識がある。仲間からの励ましは家族の励ましの一言より大きく感じるし、先に進むちょっと先輩のひきこもり者の表情や行動が自分への大きな勇気や刺激へとつながることもある。そうしたフラットな仲間づくりにひきこもり者の意欲と自信を取り戻す過程を見出すことが可能となる。

　当事者会活動で盛り上がるのは、お堅い将来の就労や仕事、進路にまつわる話ではなく、ごくありふれた趣味や世間話である。とくに懐かしい子ども時代にあった雑誌や書籍、ごくありふれた身近なエピソードなどは実に面白く、笑い声が絶えない。また自分ひとりで自由に束縛されずに緩やかに過ごせるときも居場所支援には必要なのかもしれない。居場所とはまさにひきこもり者の創意工夫をつくりだすことができる自由空間なのである。実はこうしたどこか「自由気まま」に過ごし、そのなかに「共通する話題」があり「遊び心」があり、「楽しい」と感じることができるかかわりが、治療・支援ではなかなかえられない効果が期待できるようである。

　若者支援というと、どうしても上からの枠組みによって支援者目線としての、ジョブ・トレーニング、カウンセリング、施設入所などの指導や適応訓練に傾倒しまいがちだが、こうした適応ありきのトレーニングを強化しても自己に対する劣等感がある限り功を奏することはあまり期待できないのではなかろうか。若者支援には、昨今若者支援産業なるものが登場し、ステレオタイプ的

に若者を何とかしようとする動きがある。若者を強化して、社会に強引につなげようとする論調があることにとても危惧する。

　それよりも大事なことは、これまでみてきたように若者にホッとできる時空間としての「安心」を保障し、若者たちの意欲をつくりだす支援である。若者の失ってきた自信を取り戻す試みとしての居場所支援としての当事者会活動には、楽しい場をつくる若者のニーズに即した社会とのつながりに見出す視点、具体的には多様な学びと体験と遊びが入り交じった支援、その時代の変化にも柔軟性に対応できる支援が求められているといえよう。

　そして、そうした居場所支援としての当事者会活動からひきこもり者自らが活動体の単なる社会参加者から社会参画者となる立場に変容する姿がそこには見られるのである。ひきこもり者として支援を受ける側から支えあう側にかわる。仲間からえられた力によって、その変化が少しずつ成し遂げられていくのである。

　このことを私たちのNPOが運営する当事者会活動に長くかかわっている40代のFさんとFさんが関係をもつ家族Hさんのやりとりに見られる実践哲学はそれを教えてくれる。ここで紹介し、ひきこもり者支援を考えるについてのまとめとしたい。なお、個人が特定されないよう一部改変している。

【トピック１】ひきこもりピア・サポーターに支えられて─ひきこもり家族Hさんの手記
　わが子は親と話をしていると最後には決まって「寂しい」「仲間がほしい」「友だちがほしい」そして「Fさんとどこかへ行きたい」など、いろんな願いが出される。でもこうした願いがあっても、一人では行けない。親となら行くことができる。Fさんともどこかへ行きたいと思っているが、本人の口からはいえない。

　Fさんがアウト・リーチ支援（訪問支援）をはじめた頃、息子は「自分と趣味も何もかも全部違うよ、何もかもかみ合わないからFさんは嫌だ」という断り方を親にしてきた。趣味も自分が好きなものと全然違う。Fさんが好きなものはアニメ。しかし何回か訪問していくうちに、趣味も何もかもかみ合わないF

さんのことをすごいと息子はいい出した。Fさんを兄のように見るようになっていた。おそらくその過程にはお互い理解しょうとするさまざまな努力があったのかもしれない。しかしわが子は今の自分があるのはFさんのおかげ。Fさんがいなかったら、ほかの医療機関のアウト・リーチ支援（訪問支援）もおそらく受けていなかったと思う。Fさんはやっぱりすごい存在であることをもっと知ってほしい。

　まったく趣味も異なった両者が偶然にもアウト・リーチ支援を通して出会い、そしてひきこもり当事者がこのFさんのことをすごいと慕われるようになっていくプロセスに当事者の力を見つけることができる。何かすごい助言をこの過程で行なってきたわけではないだろうし、ましてFさんの力によって無理やりひきこもり者を変容させてきたわけでもない。Fさんという人間が織りなすスタンス、支え支えられる関係性そのものが、ひきこもり者の潜在能力を引き出す大きな源泉になっていったことをこの親からの物語りによって理解することができるのである。これを踏まえFさんもまた、次のように回顧している。

【トピック２】ひきこもりピア・サポーター活動から学んだこと―Fさんの手記
　私はNPO活動を通じて多くのひきこもり者とのかかわりをもってきた。当事者会「SANGOの会」などで、それらの人たちと関係性をもち続け感じたことは、人と人とが響き合うことの大切さだと思っている。
　私は、ある日ひきこもり家族交流会主催の座談会に招かれ、ひきこもり体験談を話した。終了後、こちらのNPOの事務局宛に「Fさんのお話に息子が共感ています。是非がんばってください」「人前できちんと話せるなんてFさんすごいね」と感想をいただいた。
　「当事者が当事者を揺り動かすこと」も、もしかすると可能ではないか。これが人と人とが響き合うことそのものだと思う。私が理解ある他者と出会い、そこから派生する人間関係に影響を受け、今度は私が影響を及ぼす。こういっ

た関係性が、非常に大切なように思う。互いに尊敬し、認め合う人間関係をつくることは簡単なことではないが、やはり自分自身が何らかの行動を指し示すことで、理解し共感してくれることはありえると思う。

　ひきこもり者の行動する力を見せることが、何よりも他のひきこもり者のみなさんの励みになり、勇気になり、自分の方からドアを開けて「出てみてもいいかな」と思えるようになってくれれば、私としてはうれしい。ドアを開けたときに、私たちの行なっているようなNPOがあることを認知してくれていれば、それでよいと思う。出たときに、八方塞がりの状態ではなく、きちんと対応する団体があることが、わかっていれば、ある意味で今は安心してひきこもることができるのではないかと思う。

　「自室にひきこもり続ける人もあきらめないでほしい。出てきたときに、私たちのようなNPOもあるので、一緒に少しずつ歩み出して行きましょう」このことを強く言いたい。

　私も含め、当事者主権の時代がきていると感じる。弱さが一つの力になりえるのではないかと実感している。だから、ひきこもり者一人ひとりが声を出して、「ひきこもりは恥ずかしいことではない。一緒にやっていきましょう」というメッセージを送り続けることが、次に続くひきこもりで悩む人への励ましになるのではないかと思う。

　家族Hさんとひきこもり経験者Fさんの手記からは、互いに学び、支え支えられる関係性のありようを改めて実感することができる。ひきこもり支援にとってとても大切な視点ではないかと思うのである。

5　コラム　ひきこもりサポーター養成研修・派遣事業

　図9は、2013年度厚生労働省が行なう「ひきこもり対策推進事業」を示したものである。2012年3月に災害支援、地域生活定着支援事業と並ぶ重点項目としてこの事業が拡充されてきた。2009年度からは各都道府県・政

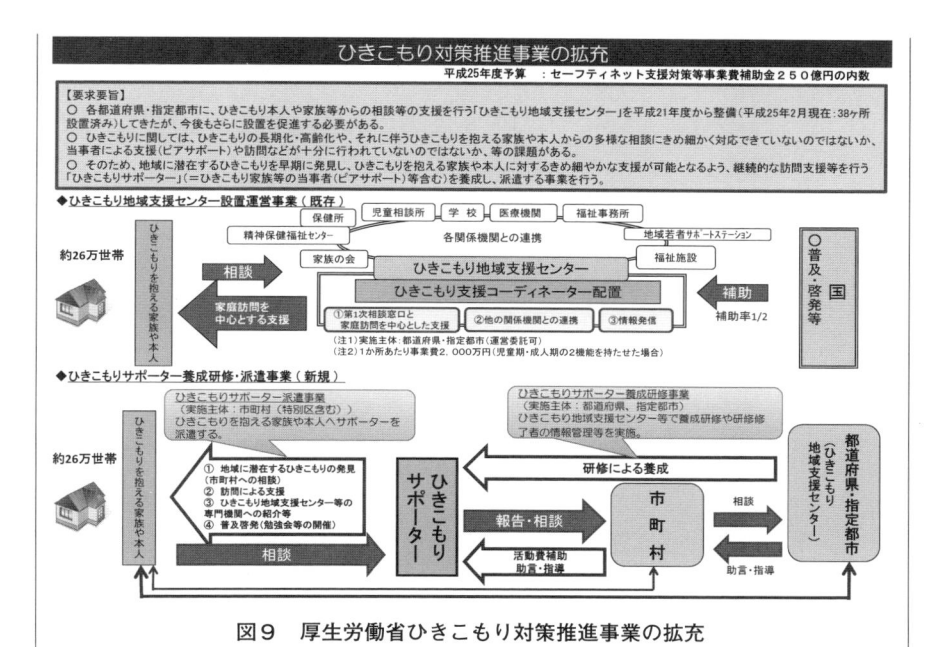

図9 厚生労働省ひきこもり対策推進事業の拡充

令指定都市に、ひきこもり者と家族等からの相談支援を行なう「ひきこもり地域支援センター」を整備し、その拡充を促進してきたことに加え、2013年度からは「ひきこもりサポーター養成研修・派遣事業」を新規に取り入れることを明らかにした。

　本新規事業を導入することに至った背景には、外出がままならないひきこもり者に対する訪問支援のニーズが高いにもかかわらず有効的に活用されていないことが挙げられる。そのことを踏まえ、比較的ひきこもり者本人と接触がとりやすいひきこもり経験者やその家族等がピア・サポーターとなって地域に潜在するひきこもり者の発見ときめ細かな支援づくりをしていこうというのがねらいである。

　ひきこもりサポーター事業では訪問支援としての役割が強まっているところが見られる。しかし、厚生労働省が示すその役割は必ずしも訪問支援だけを指すものではない。具体的には、図9に示されているとおり、①訪問によ

る支援だけに留まらず、②地域に潜在するひきこもり者の発見につとめ、適切な市町村のひきこもり支援窓口につなぐ役割、③ひきこもり地域支援センター等の地域資源情報を適切に提供し、必要とされる専門機関へ紹介する役割、④講演会や学習会を通してひきこもりに対する正しい理解を地域の人たちに理解啓発し普及する役割である。とくに①はもちろんのこと、②③④については私たちNPOでもひきこもり地域拠点型アウト・リーチ支援事業をはじめ、ひきこもり地域支援センター等との連携による研修会を通してその役割を果たしてきたところである。

　また、ひきこもりサポーターは都道府県・政令指定都市のひきこもり地域支援センターが中核となってその養成研修にあたることになっている。養成研修を終えて実働するひきこもりサポーターには活動費補助が支給されることになっている。

　すでに地域によってはひきこもり経験者がひきこもりサポーターとなって研修養成上のプログラムでファシリテーター講師となって大きな力を発揮していることも注目していく必要がある。もちろん、現場で支援するひきこもりサポーターにひきこもり支援そのものの役割全体の重責を一任するものではなく、プロの専門職との協同を通して支援にあたるものである。ひきこもりサポーターが支援を進めるなかで悩むことも考慮して専門機関との連携とスーパービジョンは必要不可欠といえよう。

5章 家族支援を考える

1 ワンストップ型総合相談窓口の活用

　さて、ここからはひきこもり者本人以上に焦り不安感情をもちやすい家族支援のあり方について一緒に考えることにしよう。近年全国各地にひきこもり家族会ができるようになり、親たちもひきこもり者と同様に社会的に孤立せずに同じ仲間とつながり、ひきこもりのわが子と、どのように向き合っていけばいいのか、という学習と対応方法の模索が続いている。ひきこもりという現象が短期間で終わるものもあれば、近年に見るように長期にわたるケースもある以上、そこに向き合う家族が心身ともにすり減らし、疲労してしまうことがあってはならないといえる。まずはひきこもり家族によくみられる切羽詰まった感をもつ、余裕のない家族関係の状態からの解き放ちが求められる。家族自身が自分の健康面を考慮しつつ、ひきこもり者への対応を考えていくことが求められる。そのために親たちが抱え込む焦り不安感情や悩みを打ち明けることができる支援者との関係性や家族会の役割はとても重要となるだろう。

　とりわけ、家族の悩みの一つとして「どこに相談すればよいのか」という課題がある。とりあえず身近な医療機関を訪ねていっても、ひきこもり者本人が来なければきちんとした対応はできないとあっさりと断わられたり、医療機関の窓口は今や大変な混雑で初診にたどり着くまでには数週間待たされることも少なくない。またひきこもりに対する理解がまだまだ進んでいない今日に至っては、自分の家庭にそうしたひきこもり者がいることを他人に知られる恐れを抱き、家庭内に隠蔽してしまうこともある。そのため、ひきこもりの初回相談

につながる時間が遅れることも多々ある。実際、家族が地域に相談機関があることはわかっていても「躊躇する気持ちがあり、自分から探し求める気持ちがわいてこないと出向くことはできなかった」とする意識は本音ではなかろうか。

ひきこもり者やその家族がこうした世間に知られる抵抗感や恥意識はよく聞かれるところである。小坂田稔（2008年）によれば、ひきこもり対応においてその潜在化されたニーズを発見対応できないことがひきこもりの長期・高年齢化を促進させてしまっていると述べ、その要因に「意識の壁」「情報の壁」「制度サービスの壁」があると考察している。

「意識の壁」とは、ひきこもり者や家族がもつ世間に知られることに対する抵抗感と世間からの無理解による偏見や差別を指す。「情報の壁」とは適切な情報が必要とされるひきこもり者と家族に届いていないことを意味し、最後の「制度サービスの壁」とは申請主義、待ち姿勢、縦割り行政などに見られるどこか冷たい制度サービス体系としている。

これらの指摘は、硬直化した家庭環境への効果的なアウト・リーチ支援の働きかけや制度間の谷間を埋めるソーシャル・サポート・ネットワークづくり、ひきこもり対応におもむきを置くケア・マネジメントを検討していくうえでも重要な意見であるといえる。

先に述べてきたひきこもりピア・サポーターがひきこもり者と家族に近い、身近な共感性をもった支援者として、ひきこもり者と家族の権利を擁護し、専門機関へとつながるための橋渡し役としての役割をはじめ、専門機関への初回相談につながるまでの待機期間の支援として期待されるところでもある。

ひきこもりのわが子をもつ家族は、相談先としてまずは、民間の相談機関よりは、公的な支援機関を相談窓口先として足を向けてみることが肝要である。民間相談機関はたとえ最良な支援を行なっていたとしても、組織運営上どうしても有料相談となることが多いため、つながる支援団体によっては高額な料金を請求されることもありうる。これに対して公的機関は無料が原則であり、専門職による守秘義務等の価値倫理に準拠した信頼性の帯びた組織運営がなされ

ていることをおさえておく必要がある。

　現在、全国には「ひきこもり地域支援センター」（未設置地域であれば「精神保健福祉センター」がある）が厚生労働省の施策として政令指定都市並びに都道府県に設置されてきているので、ひきこもりに特化したワンストップ型の総合相談窓口を利用する手はない。ひきこもり地域支援センターには、ひきこもり支援コーディネーターをはじめ医療保健、福祉などの専門性をもった有資格者プロ・スタッフが配置されているので、そこでの相談を通して、しっかりとしたアセスメント（事前評価）のうえ、それぞれのひきこもり者と家族に必要とされる支援サービスへとつないでもらうのがよいだろう。

　また、こうしたひきこもり地域支援センターは、全国各地にある保健所などの関係機関と連携しているので地方圏在住の方にはその相談を通して地域にある支援サービスにつないでもらうことが可能となる。ひきこもり地域支援センターはそれぞれの地域にあるフォーマル並びにインフォーマルな社会資源サービスをよく熟知しているので、包括的で総合的な支援が可能である。

　竹中哲夫（2010年）が指摘するように、今日のひきこもり支援はライフステージに沿った支援が求められる。ひきこもる人の現状（たとえば、年齢、ひきこもり歴、ひきこもりのきっかけ、その後の対処歴、現在の生活、社会とのかかわり）はさまざまであるから相談支援、訪問支援、医療的支援、居場所支援、デイケア支援、就労準備支援、就労中の支援、その他の社会生活支援など多様な支援が用意されなければならない。ひきこもり支援は相談支援から社会生活支援まで実に広範囲な支援を必要とするため、一つの団体機関のみで支援を抱え込むことは危険を伴う。前述してきたように決して自己完結的な支援にならないよう注意していく必要があるだろう。また、こうした支援の多様化の拡大は一方で、どこの支援も利用できない、また結びつくことができないひきこもり者を追い込む方向性であってはならない。その意味で、在宅、つまり家庭というセクターも、一つの社会的な居場所であり、家庭の脆弱性も考慮しつつも、重要な社会資源であると見て支援していく必要があろう。

2 ひきこもり者への家族対応

　ひきこもりのわが子をもつ家族が一番理解したいことは、ひきこもりのわが子との向き合い方であり、その対応の方法である。家族が口をそろえて述べることが多い「なかなかひきこもりのわが子とコミュニケーションがとりにくい」「会話をしようとして声掛けはするが返答がない、うるさいとしか返ってこない」「外出するにも声掛けをするにも、この働きかけでいいのか」と気を遣ってしまうことがある。

　血縁の家族であるがゆえにこうした物事を率直に伝えることができない状況が見られる。一昔であれば、こうした家族関係が行き詰ったとき、地域にはちょっとおせっかいな大人たちが身辺におり、家族になりかわって「おまえのお父さん母さんはね、実はおまえのことを心配しているのだよ」とサポートする役割が存在していた。それが失った現代社会のなかにあっては人為的にそうした関係性を地域につくりだしていくことが必要となっている。ひきこもり家族会は、ある意味そのような役割が期待されているといえよう。実親子関係ではうまくいかない事項でも、同様にひきこもりのことで悩む他の家族との関係性を通してうまくいかない苦手な会話や対応の仕方など、血縁を超えた相互扶助の関係性のなかで学ぼうとしている。

　たとえば、ある地域のひきこもり家族会では同じひきこもりに悩む家庭に訪問する取り組みをはじめている。外出困難なわが子と四六時中向き合う家庭が煮詰まらないように他の家族が訪問することで少しでも楽になってもらおうというのがその主たるねらいである。また別の地域では、ひきこもり者や家族が制作した絵手紙をひきこもり者のいる家庭に送り続ける取り組みをしている。片思いではあるが、そっと送り続ける手のぬくもりと優しさがあふれた絵手紙からは、見るだけで気持ちが和らぎ、いつしか会ってみようという気持ちを抱かせる。そうした緩やかなアウト・リーチ支援が煮詰まった家族の心の扉をゆっくりと開かせていくことがある。

その意味で、ひきこもり家族会とは実に不思議な力をもっている。実親子関係がうまくいかなくても他人の親子では会話も関係性もうまくいく。あかの他人だから無責任になれるくらいの気持ちのゆとりがそうさせるのだろうか。そうではあるまい。ひきこもり家族会もまた血縁を超えた一つの家庭を築いているといえないだろうか。ひきこもり家族会では、参加する親たちのわが子とかみ合わない苦悩が語られるなかで、それに応えるかのように同様に参加するひきこもり経験者から本人の気持ちが素直に伝えられていく。そこには血縁を超えた親と子の関係性の紡ぎ直しが行なわれているといえよう。家族支援に必要とされているのは高岡健（2011年）が指摘するように、こうした縦でも横でもない「斜めの関係性」であるともいえるのではなかろうか。
　高岡健によれば、そうした「斜めの関係性」に立つことができる人は、社会的地位がある人というよりは、あまり尊敬されていない人、無用者のような人だと述べている。なぜそうした人たちがいいかというと、そういう人たちはまっすぐに歩いてきた人には見られない豊かな人生観があるからであり、ひきこもり者より先んじて無理な支援をしないからだと述べている。この視点は心に留めておく必要がある。

3　待つことの意味

　ひきこもり家族会に参加した家族が、ひきこもりのわが子と接していくなかで「待つ」という言葉に疑問をもつことが多い。家族はこれまでずっと1年、3年、5年、10年以上と待ち続けてきたのである。しかし現状は何もかわらないと述べるのである。そこに支援者たちが「しばらくは待ちましょう」と述べても渦中の家族には納得されないことを意味する。「待つ」ということが静止状態として理解されてしまうがために、「待つ」ということが何もしないでただ黙っている状態として理解されてしまう。
　実は「待つ」という行為は、静止状態ではなく、「動態」として理解していくことが重要である。「待つ」という行為が必ずしも静止状態を意味するもの

ではなく、動態としての「かかわりながら待つ」行為として理解し家族はいかにわが子を信頼し続け、どういう待ち方が望ましいのかをともに考え歩むパートナーシップのスタンスを支援者は家族に対して適切に伝えていくことが求められる。家族はときには苦悩する待ち方をする。そしてわが子のひきこもりという経験から家族もまた学びを与えられた待ち方をしている。いずれにしても、その待つのなかには家族としての生き方やわが子との歩み方と深く関係している。

また、家族のどういう待ち方が望ましいかを考えていく過程で、地域にあるひきこもり家族会の果たす役割が大きい。ひきこもり家族会で他の家族やわが子と同じようなひきこもり者とかかわりをもつなかで、ひきこもり支援に欠かせない家族の「気づき」が与えられるからである。

具体的に述べれば、「私はわが子を親のみの思い込みでしか見ていなかったことに気がつきました」というのである。そして続けて「私はわが子が何も変化していないと見てきましたが、よく見てみると変化しているわが子を理解することができました」というのである。家族という営みは、わが子には幸せになってもらいたい、人並みに働いてほしい、と願っている。しかし家族が思っていることは大方ひきこもり者も自覚していることなのである。それをあえて口に出されることは親子の関係性に軋みを生じさせることにつながる。これは家族だけではなく、支援者、教師や大人すべてに共通することなのかもしれないが、何か社会的な成果のみが追い求められ、そこまで至るさまざまなプロセスが評価されないことが多いことに気がつくのではないだろうか。

現代のひきこもり者の意欲や自信が低く位置してしまうのもそうした評価の要因を無視できない。もっとひきこもり者の目には見えないプロセスにも光を照らしていく必要があるのではないだろうか。ひきこもり者は私たちの目に見えないところでさまざまな苦労を強いられ、日々悩みつつも、自分に今できることを積み重ねているのである。

ひきこもり者と家族とのコミュニケーションを考えるうえで陥りやすい課題が、ボランティアばかりしていてもお金にならいない、それだけでは生活でき

ない、人生をどぶに捨てたな、それで一生涯生きていけるのか、という正論である。私は家族から発信されるこうした投げかけが、ひきこもり者と家族との会話をできなくする一つのパターンであることを指摘した。(田中敦監修、2013年)

　正論は一般論では間違った考えではないが、こうした働きかけをすると、ひきこもり者はこれに対して返す言葉を失い、しだいに家族を避けて通るようになっていく。親子間のコミュニケーションを促進させる食事やリビングで交わされる何気ない会話風景はどこかに退き、残るのはすれ違った生活パターンである。親子関係で重要となるポイントは、こうした正論を投げかけることではなく、ひきこもり者の気持ち、言い分にまずは耳を傾け、話を聴いて受け止めるということである。家族にひきこもり者が受け止められたという安堵感は、家族からの要求を受け入れる余地をつくりだし、ある意味信頼して何か困ったことがあればここぞというときに気軽に話し合える信頼関係を築くことになる。こうした関係性が親子の会話のあり方を考えていくうえで欠かせないものとなる。

　また、何かにつれてひきこもり者から家族に発せられる「うるさい」などの言動は、ひきこもり者の内面の動きと彼らを取り巻く外界との葛藤にもがき苦しむサインでもある。ひきこもり者が過去の親子の子育てのあり方や教育競争に対して憤りを覚え、彼らを支える家族に強くあたってくるのも同様である。

　ひきこもり者は日々の生活のなかで「こうあらねばならない自己」と「こうはなれない自己」との比較対照のもと負い目や劣等感を抱き、内面と外界との折衝の過程で、ものすごい葛藤にもがき苦しんでいて、そのはけ口をどこかに求めている。人との関係性が限られた環境のもとではその矛先は家族や壁などの物にしかどうしてもあたれないのである。だから家族はそのひきこもり者の置かれた心情を理解したうえで、その感情にダイレクトに巻き込まれない冷静さと、信頼ある専門機関等に相談することの大切さ、そしてそうしたわが子の悩み苦しむ姿に共感し受け止める肯定的態度が必要となる。

　家庭までもが冷たい社会や世間と同様な見方や接し方をしてしまえば、ひき

こもり者にとって家庭は耐え難い針のむしろになってしまう。安心できる家庭環境づくりは、いわば安心できるから外へ気持ちを向くことができることを意味する。家庭がひきこもり者にとって安心できる居場所の一つになることが重要となる。

4 重層化する親子感情の理解

　ひきこもり者と家族が相談場面やひきこもり家族会に参加してくれることは重要である。そのつながりを大切にすることが求められる。とくにひきこもり家族会などの当事者会は、公的相談機関とは異なり、ひきこもりに対する理解と共感をもちやすい側面がある。しかしその他方では同じ悩みをもつ同士で固まってしまう弱さをもっている。ひきこもり家族会に参加したことで気持ちが暗くなってしまったという参加者もいるが、そういう家族はひきこもり家族会のようなグループ・ワークに参加する前に、個別相談を受けるほうが適切であったといえるだろう。

　その意味でひきこもり家族会などの当事者会には、医師、保健師、精神保健福祉士、臨床心理士などの専門職や地域ボランティアなどの参加も積極的に受け入れ交流をもつことが求められる。また当事者会活動には、学習機能をもたせ、これまでの自己を振り返り、親子のかかわりのありようをとらえ直す。そして家族自身の気持ちを整理しつつ、次に活かす勇気と希望がえられるよう工夫する必要がある。ときには元気になったひきこもり経験者がグループ・ワークに参加して「こうしたほうがいいよ」という提案（suggestion）をもらうことも有効となる場合がある。ただし、ひきこもり経験者から親子のかかわり方について手掛かりをえようとすればするほどその思いが強まることが予想される。ひきこもり経験者が参加する家族からの質問攻めに合わないように注意する必要があるだろう。

　図10が示すように家族がとらえる視点とひきこもっている当事者のとらえる視点には相違点が見られることがある。家族はひきこもっている当事者をどこ

家族の視点	当事者の視点
怠けている	どうしていいのかわからない
叱咤激励をする	わかってくれない
特効薬を求める	家庭内暴力（対物・対人）など
自責を強める	親のせいだ
わが子からの逃避	非現実の世界
無視	無欲化
家族のひきこもり	本人のひきこもり

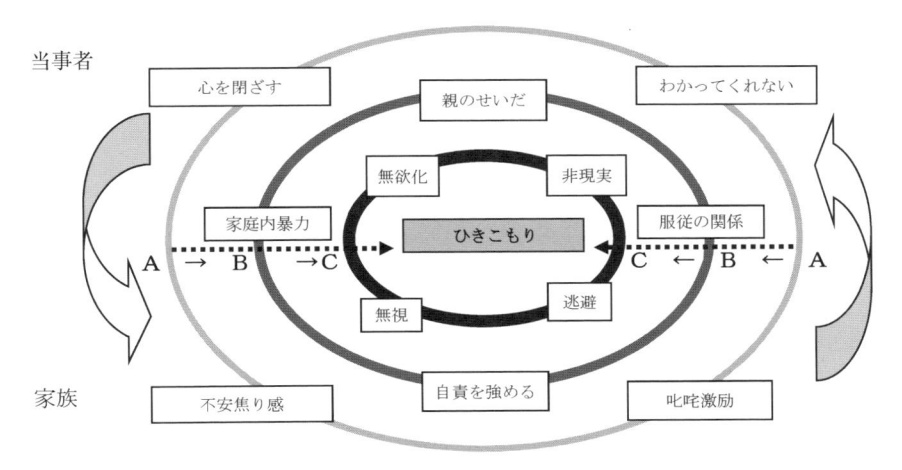

図10　重層化するひきこもり親子関係とその感情理解

か怠けているととらえ、叱咤激励する。父親が私たち支援者のいる前で「おまえのことを今話し合っているんだ」と厳しい口調で罵倒することさえある。そして家族が疲労していくなかでひきこもりの解決の特効薬を探し求めていく。しかしそれを受け取るひきこもっている当事者は、どうしていいのかわからないために意見表明できず、家族の無理解に口を閉ざし、物を壊すなど感情が露呈することがある。そしてこうした自分になってしまったのは過去の親の子育てにあると思わせ、非現実世界へと没頭するようになる。ひきこもっている期間が長ければ長いほど親子関係は硬直化し、無視・無欲化の進行とともに当事者も家族もひきこもりに陥りやすい。

図10は、ひきこもり家族会の例会活動（group work）における参加者の長期にわたる参加観察法を通して学習されてきた、ひきこもりの親子関係とその感情を整理したものである。ひきこもりは、その期間が長引く側面があり、本人だけでなく親もまた同様にひきこもる形で進行し、ひきこもり親子関係の感情は外円Aから矢印の方向に向かって内円Cへと進むプロセスが見出された。

　一番外側の円Aは初期段階におけるひきこもりの親子関係を示しているが、図11にも示すようにひきこもり者の家族間に見られる特徴点は①「不安焦り感」からはじまる。「不安焦り感」とは、ひきこもりが長期化することによって生じるものであり、家族を取り巻く社会的な圧力や世間の目が加わり、さらに強まる傾向がある。具体的には親戚縁者から「このまま放置すれば大変なことになる。世間から恥をかくのは家族だ」との指摘はその典型例であるが、こうした家族の①「不安焦り感」は、ひきこもり者へのダイレクトな②「叱咤激励」の行為へと進む。ひきこもり者の自室のドアを家族が叩き怒鳴るように「いつまでひきこもっているんだ、出てきなさい」と声をあげることをここでは意味するが、こうした行為によって、親と子の間には心の壁がつくられ、ますますひきこもり者は、③「わかってくれない」とドアの向こう側に④「心を閉ざし」ひきこもるようになる。それがまた家族の①「焦り不安感」を再びつくりだすという流れである。

　ひきこもり者と家族は、彼らを取り巻く社会からのひきこもりを否定する圧力と世間からの冷たい視線や言動に脅かされている。そのため、ひきこもり者を支える家族は、①「不安焦り感」をますます募らせ、ひきこもり者への早期解決の特効薬を求め引き出し刺激としての②「叱咤激励」をなす。その結果ひきこもり者は理解してくれない、③「わかってくれない」家族に対して④「心閉ざす」そして、ひきこもるのである。

　ひきこもり者は、家族の動きを感じ取る鋭いセンサーをもっており、親たちや周囲の大人たちの姿を実はよく見ている。家族の顔色を感じ取り、家族や周囲の大人たちが今何を考え、何を期待し、どうすれば喜ぶかを知っている。家族はそうしたひきこもり者たちをよそに、家族の思いにかなう行動をとれば家

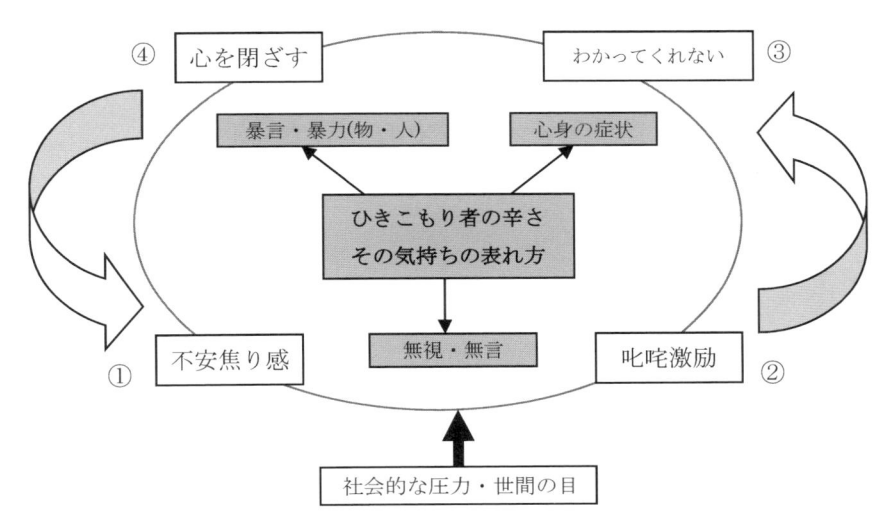

図11　社会と家族関係から生じるひきこもり者の感情理解

族はまえあがり、反する行動をすれば鬼になる。ひきこもり者がもつセンサーはそれを鋭くキャッチする。

　家族が円Aの段階で、その行為の「まずさ」に気がつくことが少なく、そのまま矢印の方向へ向かって次の二番目の円Bへと進むことになりやすい。円Aで見てきたように頑なに閉ざしたひきこもり者の心と家族との気持ちのズレはその関係性にねじれを生じさせ、図10に示す「家庭内暴力」のほか、「心身の症状」の発症、家族への「無視・無言」行為が起こることがある。2000年度から2002年度の厚生労働科学研究「地域精神保健活動における介入のあり方に関する研究」(2004年)においても、家族間における家庭内暴力の発生率は19.8％であるが、対物家庭内暴力としての器物破損、支配的言動、家庭への拒否等は40.4％となっていることからも問題行動への発生率は高いことが明らかにされている。

　そうしたさまざまなひきこもり者の辛さ、気持ちの表れ方で、大きな問題となるのが、親が子に従う「服従の関係」に陥ることである。この「服従の関係」は、一見子どもが親に依存しているように見えても、逆に親が子どもに依存し、親と子どもが共依存する姿も見られる。過大な金銭的な要求や親の過剰

な干渉もその例であるが、親が子どものこうした要求を拒否することなくすべて受け入れてしまうのは、わが子がひきこもったのは親の子育てに原因（親のせいだ）があると思い込まされるところがあるためである。

たとえば、あるとき忘れかけていた幼き子ども時代にあった、親の対応の問題点をエピソードとしてひきこもり者から、その怒りとともに聞かされたとき、親としての自信を失い「自責を強め」親と子が反転した関係に陥ることがある。親が子どもの言いなりになっていくのは、そうした思い込みがあるからである。

こうした親子が反転した関係性を修復するには、子どもの感情に惑わされず冷静に見つめ親ができることと、できないことを整理する必要があり、そのためにはひきこもりをよく理解した専門職の支援が欠かせない。しかし往々にしてひきこもり者の家族は自分たちだけで抱え込んでしまう。その結果最終的な矢印の方向に向かって最後のもっとも内側の円Cへと進むことになる。それはひきこもり状態を示す円Cである。

ここまでくると家族はひきこもり者を「どうしようもない子ども」として同居しながらも「無視」し、わが子と積極的なかかわりをしなくなる。同じ屋根の下に生活していながら親はひきこもり者を見て見ぬふりをする。ひきこもり者は、ひたすら静かに外界との接触を断ち自室にひきこもることになる。具体的には、父親が休日になると「俺、飲み会だから」と言って家を不在にすることが多くなる。ひきこもり者本人からの「逃避」である。

こんな父親に落胆したひきこもり者は「非現実」的な世界へと没頭するようになる。たとえばゲームに依存したり、インターネットに依存したりする。そのなかで自分の自己実現を図り、今の現実をある意味否定し、「非現実」の世界に活路を見出すようになる。ゲームやインターネットそのものが問題ではなく、こうした世界だけに没頭せざるをえないひきこもり者の気持ちを理解せねばならない。そしてひきこもりにとってさらに問題になるものは、こうした親子関係によってつくりだされていく「無欲化」の傾向である。ひきこもり者が親からのお小遣いも拒否し、もう使わないからと取得した運転免許証まで返却

する事例もある。自分が自分を排除し続け、挙げ句の果てに大好きだった音楽記録媒体も購入しなくなってしまう。人間が「無欲化」になると支援の受け入れが困難となり、同時に社会参加を遠ざけることから、これまで述べた単層ではない三つの重層化した円A・B・Cによって形成される親子関係に陥らないような支援の対応を心掛けることが求められる。

5 家族に求められるひきこもり者への対応

では、以上のような親子関係とその感情に陥らないためには家族はどのように対応すればよいのだろうか。家族が支援者のようなスキルを身につけるというよりは、図10に整理した家族の視点と本人の視点の対比を振り返りつつ家族の役割を今一度見つめ直すことが問われることになるだろう。

まず、家族の役割として求められることは、ひきこもりの解決を急ぐあまりその進むべき方向性を家族の思いだけで誘導してしまうことを未然に予防することである。そして進むべき方向性がまだはっきりとわからないひきこもり者の気持ちを理解し、共感と受容をもって接することである。また不明確な現状に見出される靄のかかったひきこもり者の苦しさをともにするなかで可能な限り言語化できるよう一緒に考えていくことだろう。そのために家族以外の理解ある他者とのつながりをつくるチャンスを整える努力も大切である。その前提にはひきこもり者が家族に対してある程度の信用があることが重要であり、信用に基づく他者を受け入れられる家庭環境を整備する努力を行なうことであろう。そのうえで改めて人間の自己実現とはどのように理解すればいいのか、またひきこもりの自立とは何かを理解しなければならないだろう。その一つの手掛かりとしてA.マズローの自己実現理論（1998年）がある。

図12は、A. マズローが唱える人間は自己実現に向かって絶えず成長する生きものであると仮説し、人間の基本的欲求（basic human needs）を5段階層をもって理論化したものである。これをもとに家族に求められるひきこもり対応のあり方を考えてみよう。

```
                    道徳
                   創造性
                   自発性
                  問題解決
                  偏見の欠如
                  事実の受諾
```

自己実現の欲求（self-actualization）

承認（尊重）の欲求（esteem）　　自尊心、自信、達成、他者からの承認

所属と愛の欲求（love and belonging）　友情・家族・愛情

安全の欲求（safety）　身の安全、雇用の安定、資源の安定、道徳性の保証、家族の安全、健康維持、財産の維持

生理的欲求（physiological）　呼吸・食事・水・性的欲求・睡眠・恒常性維持・排泄

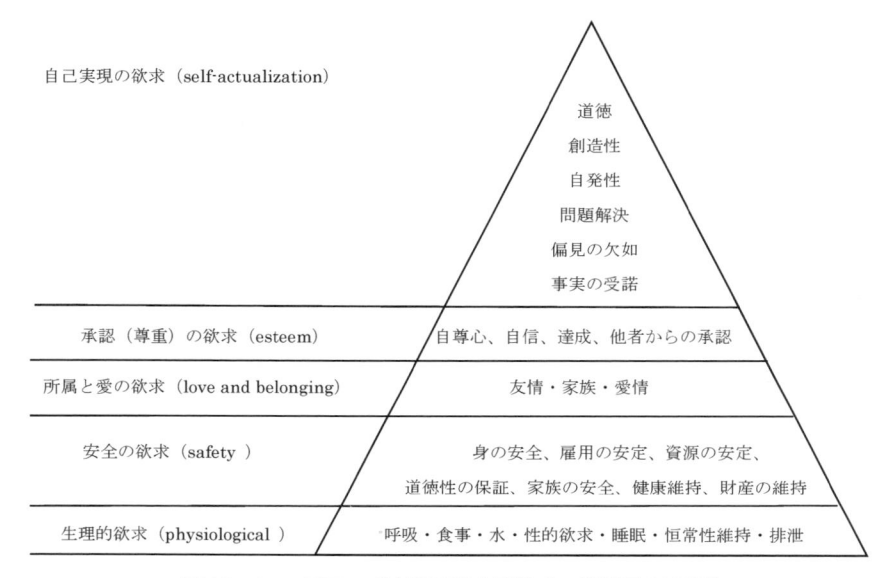

図12　A. マズロー「人間の基本的欲求5段階層の理解」

　まず一番土台にあるものが、生理的欲求（physiological needs）である。ひきこもりにあてはめて述べれば、安心して住むことができる家があり、水分補給や食事、睡眠が確保できる場であり、生命維持に欠かすことができないものである。これが欠乏していくと若年ホームレスのような状況となる。家族がなかば無理やり「出ていけ」と外に引きずり出すことは土台である人間の基本的な要求を失いかねない。人間の自己実現にまず必要な基本的欲求である。

　次にあるのが、安全の欲求（safety needs）である。ひきこもりでいえば、心身の健康が守られ、経済的な安心、利用できるサービスへの安心などである。そういったことが彼らに開かれているかというセーフティネットにも通じるものである。家族からの安全でいえば、見捨てられずに何でもものを言える環境にあるか、何か必要なものを利用できる状況にあるかということになろう。

　三番目にあるのは、所属と愛の欲求（social needs／love and belonging）である。ひきこもりでいえば、とくに思春期青年期に必要とされる交友関係の構

築、異性（同性）との関係性であり、家族との関係性でいえば愛情によって満たされているのかどうかということである。どこか憎しみを抱いた感情でひきこもり者を見てしまえば、家族はそのような対応になってしまうことに注意が必要である。

　また、ひきこもりは無職で所属がないことによる劣等感に加え、ひきこもり者には性的挫折感がある。若者に見られる恋愛や結婚は高年齢になればなるほど自分には遠い存在で考えられない、もうどうでもいいとする思考がどこかにある。だから無理ではないかと思われていた自分の異性（同性）との付き合いや親友と言われる親密な関係性の構築形成は彼らの自尊感情を高め、前に進む意欲をつくりだすことが多い。

　さらに四番目には、承認（尊重）の欲求（esteem）がある。実はこれがひきこもり者で一番失われているものなのかもしれない。これまで見たように自己肯定の低さ、自信のなさ、消極性、劣等感、無力感の現れは、この領域の弱さにあるといえないだろうか。その意味で、自己肯定、自己達成感の蓄積、自己のストレングス（長所）の発見、見知らぬ他者（家族や知人友人ではなく）からの承認は重要な項目である。とくに承認という点でつけ加えれば中高年ひきこもりになればなるほど、見知らぬ他者からの承認が困難になりやすいところがある。たとえば、見知らぬ他者から褒められても、それはお誠治であるなど、どこか疑いの目で見てしまうことはその具体例である。成人の自己が承認できるためには社会参加や仕事の役割などの多様な自然体の経験のなかでつくられる仕組みが必要といえるだろう。これらを高めていく道筋をつける家族の役割もまた求められるであろう。

　そして最後の段階としてあるのが、自己実現の欲求（self-actualization）である。厳しい現代社会のなかにあっては、これら4つのすべての人間の基本的な欲求が満たされたからといって人間が完全なる自己実現できるということにはおそらく結びつかないだろう。多くのひきこもり者にある揺れ動く自立観がそこにはあるからなのである。

　しかし、たとえそうであったとしても、そうした揺れ動く自己を認めつつ目

の前に立ちはだかる現実やさまざまな課題そのものから逃避せずに自らの問題としてとらえ、それぞれの困難を乗り越えていこうとするひきこもり者の力をどのようにつくりだしていくかが問われているといえるだろう。そうでなければ、本当の意味での自立とはなりえないのではないかと思う。

6 ひきこもりに求められる自立観とは何か

　さまざまなところで議論される、こうしたひきこもりの自立観をどのように理解することが必要であろうか。ひきこもり者を自立させる支援団体のなかには、就労を自立とする理念が根強くある。「自分の力で飯が食っていけるようになることが自立」とする考えは正論であっても、ひきこもり者すべてにあてはまるものではない。これはひきこもり支援にかかわってきたものであれば、「ひきこもり経験があっても、履歴の空白があっても、あなたを採用します」といういわば確約があったとしても就労しない現実がある。田中俊英（2008年）が述べるように、「ひきこもり者が自立を意識しながら言語化はできるだけ避けるという、ひきこもり独特の心理構造が働く」ところがあるのかもしれない。この点がいわゆるちょっと背中を押せば就労できるようなフリーターやニートの若者とひきこもりとの相違点ということになるのではなかろうか。就労に対する何らかの心理規制によって、周囲から言われてすぐに働くということにはならないのであれば、もっと別な角度からの支援が必要となってくる。
　ひきこもりの自立観を次のように理解したいと思っている。

① 就労イコール自立とはならない。
② 自立とは常に揺れ動くものである。
③ 自立とはプロセスである。
④ 自立とは依存と対極関係ではなく表裏一体的なものである。
⑤ 人間的な自立が求められる。

それぞれ簡単に説明すると、①就労イコール自立とはならないというのは、これまでに述べてきたとおり、たとえば、とにかくどこかに職についてその実績とカウントをあげる支援が就労支援のなかにあるとすれば、ひきこもり支援からは大きくかけ離れざるをえない課題に直面することを意味する。職をえればひきこもりは解決するのか、という命題は多くのひきこもり者がそんな次元ではないと語る。職をえてもそれはひきこもりの脱却であったり、解決であったり、本質的な自立にはならないのではないだろうか、という投げかけでもある。職をえて給与をもらい世間から自立していると呼ばれる人たちであっても、たとえば他人に優しく接することができない、こちらが挨拶しても無視する、高齢者がバスに乗ってきても席を譲らないで堂々としている人がいたら、その人はほんとうに社会のなかで自立している人だといえるであろうか、私はそのことを問いたいのである。

　その意味で、②自立とは常に揺れ動くものであり、③自立とはプロセスであるという見解はそこにある。ひきこもり者だけではなく職に就いている若者たちのなかには、今ある自分を徹底して否定し、将来に対して希望を見出せないで混沌とした社会のなかでもがき苦しみながらも生きている若者たちがいる。まさに自立とはそうした揺れ動く社会のなかで生きるありようであり、プロセスなのだと思う。私たちが自立したかどうかの最終的な結論はそう簡単に出せるものではないし、早々にあきらめるものではない。ひきこもり者たちが高齢となり死の間際に直面したとき、自分は本当に自立して生きてきたのか、という一つの回答がそのときになってはじめてわかるのではないだろうか、と思っている。

　そして、④自立とは依存と対極関係にあるのではなく表裏一体的なものである。まったくの支えがなくて私は自立しているという人はいないだろう。誰かに支えられ、そして支えて生きている。頼るところがあり、どこかに依存できるところがあるから、ひきこもり者たちは安心して自立していくことができるのではないだろうか。辛くなったらまた休める場所があり、話を聴いてくれる家族や支援者がいる。そうした状況があるからこそ、多少嫌なことがあっても

すぐに辞めないで乗り越えていくことができるのではないだろうか。家族の支え、支援者の支えとは、就労していないときよりも、就労してからのほうがむしろ手厚く支援というものが行なわれていかねばならないのはそこにある。今、多くのひきこもり者たちは不安にさらされながらも社会への第一歩を踏み出そうとしている。そのひきこもり者たちに「耐えなさい」と世間と同様な態度で一方的に叱咤激励するのではなく、ひきこもり者にとって頼れる人として、またくじけそうなひきこもり者たちにそっと声をかけ、簡単に脱落しないように支えになっていく、そうした支援の取り組みが求められてはいないだろうか。

　そのことは、取りも直さず、自立とは経済的自立から精神的自立、社会的自立、そして人間的自立へと向かうものであるといえまいか。豊かな自立観とは、支え合う関係性のもとに行なわれる一つの自立観である。山下英三郎（2008年）が強調する「対立ではなく対話、攻撃ではなく調和、他者の否定ではなく、尊重」していく方向性と通じるところがある。これからのさまざまな危機に対抗できるものは、そうした人に対する謙虚さであり、誠実さであり、お互いさまの心で支え合う人間が本来もっている力ではないだろうか、そのことをひきこもりの自立観として共有してこれからも考えていきたい。

7 家族支援のポイント

　さて、家族支援の本題に再び戻ることにしよう。ひきこもりについては、ひきこもり者にじかに会えないことから現在のひきこもりの状態像がとらえにくいうえ、家族は将来に不安を抱き早期の改善を期待する。介入が難しく、どうすればよいのか支援者が悩むことも多いのが現状であるとすれば、ひきこもり者を支える家族にとって期待される「早期の改善」はなかなかひきこもり支援のなかでは結論をすぐにだすことはできない。そのため相談機関へ行く理由を見出すことができず、途中で支援が切れることもしばしばであろう。その結果、家族だけで抱え込んだ対応が進められ先の図10に示す現象が起こりやすく

なるといえる。

　煮詰まらない、余裕のない家族関係を今後予防するには、とりあえず家族が行なわなければならない場面として次の三点が必要となる。

　① 家族だけでも相談は継続しよう。
　② 地域にある多様な支援サービスを理解し、活用を検討してみよう。
　③ 家族が健康を大切にしてもっと自分の時間をつくろう。

　早急にひきこもりの解決の糸口が見えなくとも日頃の不安や悩みを聞いてもらうことは家族支援では重要である。一人で悩むよりも二人、三人と家族内で抱え込まず専門職の視点を取り入れて客観視して進めていく。その意味で面接相談を途中で止めないで息長く①家族だけでも相談を継続することが大切であり、その場面を通してひきこもり家族会など②地域にある多様な支援サービスを理解し、活用できるものがあれば家庭に持ち帰り検討してみる。そして③ひきこもりのわが子のことばかり考え込むのではなく、家族がもっと自分の健康を意識して、自分のことに使う時間をつくる、ということが必要であろう。

　とくにこのなかでひきこもり者本人側の視点から家族に望む事項として多く挙げられるものが、③の家族が健康を大切にしてもっと自分の時間をつくろう、である。ひきこもりのわが子がいるからといって家族が外出を控え、なかには仕事を辞めてしまったりして家族が一日中家庭に留まることに対するひきこもり者の苦痛や、ひきこもり者に気を遣いすぎて将来のことや今後の進路のことなどを極端に触れない行動に対して逆に疑心暗鬼に陥るひきこもり者がいることも確かである。家族が楽になれといってもなかなかそうなれない家族の心情は理解しつつも、どこかで家族が自分の時間をつくることは、ときには愚痴を言う機会として家族の心のスイッチをいったん切り替えることのみならず、ひきこもり者への見えない圧力感を軽減することにもつながる側面がある。

　また、家族がひきこもり者とも不自然さ不器用さを恐れず本人と接し続ける

ことも大切である。ひきこもり者にどんな言葉かけがいいのかということよりも、家族がそうした不自然さ不器用さを恐れず「あなたと話をしたい」という態度をもつことのほうが大切ではないかと思われる。もちろん、家族のなかには対話が苦手で、わが子と向き合うことが難しい家族もいることも承知している。すでにその段階で「うちの子どもはどうにもこうにもならない」という困った空気が吹いているとなおさらのことである。そうした感情的になりやすい家族には、手紙やメモという補助的手段を活用することをはじめ、専門職やひきこもりピア・サポーターと一緒になって話を進めることもよいだろう。

私たちNPOでもレター・ポスト・フレンドの名称のとおり、手紙や電子メールをいわばひきこもり者との接点をもつ重要なツールとして活用を行なってきた。手紙には次のような利点を見つけることができるだろう。

①自分の都合の良いときに好きな場所で書いて読むことができる。時間や場所に拘束されないワンクッションおいた関係でコミュニケーションができる。ひきこもり者にはこうした拘束されない会話のほうが話しやすいという利点がある。

またさらに、②音声はそのとき、その場限りで消滅していく性質をもっているが、文字は保存され、蓄積されていくため、自分や相手が書いた内容をいつでも振り返ることができる。読むその時々によって感じ方やとらえ方は異なる。保管していた手紙をもう一度改めて読んで見て理解できたということもあろう。

そして最後に、③さまざまな角度からじっくりと読み返し、客観的に検討を加えたり、自己を見つめ直すことが可能である。手紙によって文字化するということは、内在する絡み合った気持ちを書くという行為を通して解きほぐす作業としての利点をもつ。書き続ける日記もその一つかも知れないが他人に理解させる手紙だけではなく、他人に伝えることを意識しつつ自己と向き合うための手紙としての役割もまたあるといえる。

実際、こうした手紙による相談活動に対してひきこもり者からの反応も良い。いくつか紹介すると、次のような感想が寄せられている。

- 「手紙で悩みを聞きます、という文章を見つけてとてもうれしかったです。電話はかけにくいし、手紙なら思ったことが書けていいと思いました。（ひきこもり女性）」
- 「レター・ポスト・フレンドの対象に制限がないというのがうれしかった。35歳以上のひきこもりの相談窓口は、まだまだ少ないです。（ひきこもり男性）」
- 「手紙でのやり取りの時間的ゆとりが時間に追われ疲れた人間には、ちょうどいいです。（ひきこもりのわが子をもつ家族）」

 ただし、こうした手紙も最近は電子メールが普及し、いとも簡単に発信できる状況にあるため、文字だけでは相手の感情をつかむことが難しく、また誤解を招くところもあるので、手紙の頻度、話の密度、活用方法を考慮して行なう。また一回限りの手紙のやり取りで終わらせないようにする。再び手紙を出してみようと思えるように働きかけることが肝要である。できるだけ重要な話は、やはり対面で実施することが大切ではないかと思うので、その対面相談への誘いかけの方法の一つとして手紙を補助的に活用していくことが求められる。
 また、親子関係が断絶状態のわが子とどのように接し、会話すればいいのかという課題が家族支援のなかにある。声をかけても返答がない、親を避けるように行動する、食事も一緒にとらない、何か不機嫌になったりイライラしてくると暴れて物を壊すなどがそれである。親子関係がうまくいっていないときによく見られる行為である。
 先の図11に見られるように、ひきこもり者の気持ちの表れ方で家庭内暴力は人に対する暴力と物に対する暴力がある。いずれにしても暴力は家族のみの関係性のもとに発生することが多く、これら暴力に対して親が無力感に陥ることがある。こうしたわが子になってしまった親に子育ての責任を認めさせ、いわば子どもの言いなりになるというのはその典型例かもしれない。

だが、おそらくひきこもり者もまたどこかで親にわかってほしいと理解を求めているだろうし、こうした暴力によってすべてが解決するものではないことは本人が一番理解している。暴力が終わったときの本人の空虚感はそれを物語っている。

　親が子どもに心を開いてもっと体当たりしてきてほしいと望んでいるひきこもり者もいる。どこか当たらず触らずという他人行儀な親子関係にイライラするひきこもり者は多いのではないだろうか。いわば、親の態度がここぞというときに試されているのかもしれない。

　当面できることをいえば、先に示した継続相談を柱とする①②③を基本としつつ、返答がなくても声かけをする。親ができないことをお願いしてみる。メモによる伝達、手紙、電子メールなどである。これまで渡してきた手紙に返答がなくても見返りを求めない方法が大切である。

8　家族支援における父親の役割

　最後に家族支援のあり方で父親の役割として、ひきこもりのわが子や妻である母親に対してできることはあるのかということを述べてみたい。

　昨今の不登校の家族会とひきこもりの家族会の大きな違いといえば、ひきこもりの家族会のほうが父親の参加率が比較的高くみられるという傾向である。父親が会社を定年退職し、家族として時間がもてるようになって、母親と一緒に、または父親が母親より先に相談場面に訪れることが見られるようになった。それはひきこもりの家族支援を考えるうえで一つの大きな動きである。

　これまで父親は仕事一筋で、ひきこもり者のことは妻である母親任せにしてきたこともあり、ひきこもり者本人との接し方に対しては苦手意識をもっている父親は多い。しかし今日のひきこもりは全体の約7割が男性であるという認識からすれば、母親だけではなく、父親の存在と役割は大きいことは明らかである。

　前述してきたように、ひきこもり家族会では、定年退職を契機に、わが子と向き合い始めた父親がいる。たとえば、父親が体力づくりをしたいというわが

子と公園でランニングをする。登山に出かける。釣りに出かける。一緒に畑仕事をしてみるなど、父親だからできる行為をわが子と一緒に楽しむ姿が見られる。

また、今は直接的にわが子との関係性は難しくても、間接的にひきこもり家族会に参加することで、ほかの家庭のひきこもり当事者たちと楽しく居酒屋で会話し交流する父親の姿も見られる。父親が定年を契機に田舎に転居して農業の取り組みやコンビニを家族ぐるみで自営し、ひきこもり者の自立を模索する家庭も見られる。また、ひきこもり家族会として父親だけの独自の集まりとして、おやじの会を運営することもある。

さらに、疲れたと語る妻の背中や肩をそっと優しく叩き揉む姿や疲れた妻にかわって家事を手伝う姿もある。どれもこれも父親がなすさりげない技でもある。家族がそれぞれの弱点を批判しあうのではなく、親としての苦労をともに背負い、互いを尊重し、感情的にならず理性的にお互いに助け合っていくところにこれからの家族支援のありようがあるといえよう。

⑥ コラム　やってみよう、工夫してみよう家族支援

ひきこもり者との接触がままならない状況においては、家族との相談を通して本人を支えていく援助を行なうことが求められている。そこでは、硬直した家族関係、溺愛しすぎた家族関係、対立した家族関係、家族機能不全化した家族関係など挙げていけば暇がない。そのなかでとくに課題となるのが、相談機関に訪れない家族である。

ひきこもりの初期段階では、ひきこもり状態に陥っているとの認識が薄く、現状をどのようにとらえてよいかわからない状況にある。また、家族は「そのうち動きだす」「何とかなる」と思う。しかし、その一方で多くの相談機関や支援機関等に出向いても、本人を連れて来なければ対応できないと言われ、相談することを諦めてしまう。相談に行くと家族の対応（親の育て方等）を責められるのではないか、他者に知られるのではないかと考え、現状を外

部に伝えられなくなっている。相談等にいったことがひきこもり者本人に伝わった際に本人がどのような行動に出るかと必要以上に心配してしまっている。また相談しても意味がないと思っている家族もいる。

　こうしたつながることのできない家族を支援するのが家族支援である。悩んでいる家族を丁寧に粘り強く支えていくところにひきこもり支援の力量が問われる。

　ひきこもり者が家族との対話においてある程度できるようになり、本人との関係性に修復がある程度なされたら、家族はその家族のみの関係性から仲間による関係性の場へと橋渡ししていくことが求められる。その関係性の場は、ひきこもり者が安心して集うことができる居場所であったり、当事者会であったり、趣味サークルの場であったりする。

　その仲間づくりの関係性から本人はさまざまな刺激を得て自己を形成しつつ、ちょっと先を行くひきこもり者の先輩からの後押しがあったりして少しずつ歩みはじめる。親はそうした状況に過度な介入や期待は避け、仲間による関係性に期待を寄せ見守っていく必要があろう。

　ぜひとも家族にお願いしたいことは、余裕のない家族、切羽詰まった家族、煮詰まった家族にならないよう、不安や悩みを打ち明けよう。先々の将来のことばかりにとらわれないで、今できることを考えてみよう。子どものことばかりに費やされないよう、家族が自分のために使う時間をもとう。家族が元気でいることが当面のひきこもり者の唯一の安心であるとすれば、これからの長寿社会、健康づくりをしよう。そして親も子も限られた人生、お互い楽しもう。

6章 希望を見出すひきこもり支援

1 ひきこもりの総合支援体制の必要性

　今日のひきこもりは若年層を超えてあらゆる年代に起こる現象となった。これからの支援の方向性は、図13で示すようなひきこもり者と家族である当事者がまずは総合相談に応じ、その相談から必要とされるサービスを結びつける支援が求められていることにほかならない。そしてその総合相談窓口がまだまだ整備されていない社会のなかにあっては、そのイニシアティブをどこの機関の誰が担うかという調整役の主導権争いになるのではなく、どこでもとりあえずはひきこもりにかかわる相談が受けられる余地があるということが重要となる。

　前述してきたように、ひきこもりとはまったく関係のない高齢者介護の相談に来た母親がひきこもっているわが子の悩みを漏らすことはありうる。そうした相談を通してひきこもり支援機関につないでいくことが支援を進めるうえでの重要な要素となり、ソーシャルワーク実践力が問われることになる。

　このことは同時に、セクショナリズムによる縦割りの組織や制度間の役割を超えた支援のあり方を意味する。すでに子ども・若者支援はその支援領域を教育か福祉かのいずれかによって定まるものではないことを2009年に成立した子ども・若者育成支援推進法が示してきたとおりである。また、厚生労働省が提示するひきこもりの定義には明確な年齢区分がないとすれば、その枠組みにとらわれない総合的支援の方向性が示されていくべきではなかろうか。

　思春期から青年期、さらに成人期へと広がるひきこもりについて、多くのひ

きこもり者と家族は、どこに相談すればいいのかわからず相談窓口をさまよい早期に適切な総合相談につながることができないでいる。そのままひきこもりが長期化し、その結果としてひきこもりが高年齢化している現状にあるとすれば、まずもって相談できる場面をつくりだす必要がある。それらを通してひきこもり者と家族が安心して総合相談に足を向けることができる。ひきこもりをよく理解する支援者が配置された、ひきこもり地域支援センターを今後政令都市・都道府県単位に設置することは必要であろう。

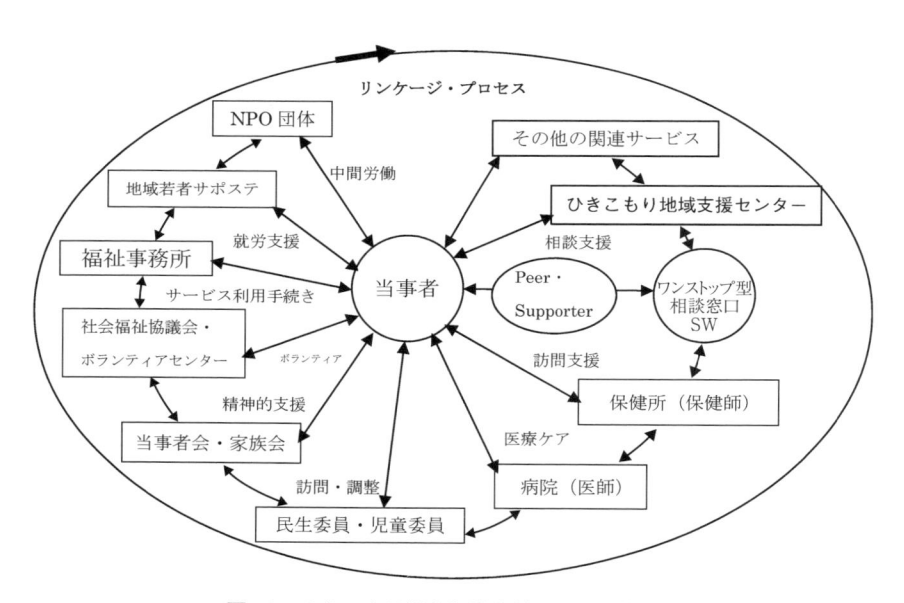

図13 ひきこもり総合相談支援システム模式図

そこの総合相談を通して、個々の当事者であるひきこもり者と家族の状態をしっかりと把握し、適切な社会資源サービスを見極め、包括的で総合的に結びつけていく働きが求められている。社会資源サービスには、ひきこもり地域支援センターをはじめ、地域の保健所、病院などの医療機関、地域の民生委員児童委員、当事者会・家族会、社会福祉協議会・ボランティアセンター、福祉事

務所などの行政機関、地域若者サポート・ステーション、NPO団体などが挙げられる。ひきこもりに特化した社会資源サービスではなくとも隣接する障害やその他の支援サービスでひきこもり支援に活用できるものも少なくない。そうした柔軟な対応場面が求められる。

　また、専門職のソーシャルワーカー（SW）と当事者であるひきこもり者と家族の身近な相談者としてのひきこもりピア・サポーターの役割も重要になってくる。とくに自宅に長期にわたりひきこもる現象であるがゆえに、ひきこもり支援はすぐに就労支援になりにくい側面をもっていることはこれまで述べてきたとおりである。通常の若者支援以上に広範囲な手厚い支援と個別的な丁寧な対応が必要であり、具体的には今後設置されていくひきこもり地域支援センターを中核として次のような支援のあり方が求められよう。

① ひきこもり者とその家族が安心して総合相談できる、ひきこもり地域支援センターの政令指定都市・都道府県単位の設置。
② ひきこもり者とその家族の悩みに適切に対応し他の団体機関との連携を図ることができる、ひきこもり専門相談員の質の確保、養成研修と配置。
③ ひきこもり者とその家族の悩みに共感でき、ピア（仲間）な立場からアウト・リーチ支援にかかわることが可能な「ひきこもりピア・サポーター」養成と配置。
④ いつ来ても帰ってもいい、有意義な仲間づくりとしての常設の居場所サロンの設置と運営。
⑤ 新しい働き方の拡充、ひきこもり者が力を蓄え社会のなかでその力が活かされる多様な中間的労働の構築、さらには親亡き後の万が一に備えるセーフティネットとしての地域づくり。

　①については、すでに厚生労働省が2012年度に厚生労働省社会・援護局が災害支援事業等と並ぶ重点項目として「ひきこもり対策推進事業」を掲げ、2013年度でもその拡充が謳われ、その一つとしてひきこもり地域支援センター

の設置が盛り込まれている。②については、①と関連し総合相談での対応次第によって相談が途切れないよう支援者のひきこもり臨床スキルと質の確保をしていく必要がある。③については、2013年度厚生労働省が導入を決定した事項であり、4章のコラムで触れてきたとおりである。④については、現在全国にある地域若者サポート・ステーションがその一翼を担っているが、ひきこもりといってもその抱えるニーズは多様であることから、それに応じられる多様な居場所支援を用意していく必要がある。今後設置されていくひきこもり地域支援センター内でそうした居場所支援を運営することも一つの検討だが、とくにいつ来ても帰ってもいい評価にさらされないフラットな常設の居場所支援はまだまだ地域には少ない。地域に散見する空き店舗施設や廃校を地域のNPOに無料ないし低額貸与することも検討してもらいたい。最後の⑤については、後節で述べるがひきこもり者の社会参加や就労というこれからの課題でひきこもり者が失ってきた自己肯定感や自己達成感、自己充実感といういわば人間が生きるという意欲をどのようにつくりだしていくかにかかわってくる課題といえよう。

2 ひきこもりの課題とICFにおける理解

　ひきこもり者の語りを参加観察するなかで、目にすることの一つに、ひきこもり者が口々にどこか後ろ向きになっている言葉数であり、うつむきかげんになっているその姿である。そんなに自分のことを否定的に思わなくてもいいのに、と周囲が思っていてもそうならざるをえない状況をみると、ますます人間としての意欲、自信、希望とはどのようにしてつくられるのかが、ひきこもり支援を考えていくうえでとても重要な要素となりうる。その意欲や自信、希望は、社会のなかでたとえ困難な状況にあってもそれを乗り越えていける自己をどう形成するかということを含むことを意味する。

　私は、こうしたひきこもり者の意欲や自信、希望をどう取り戻していくかを理解するにあたって、ひきこもりの課題をICF国際生活機能障害分類で理解す

ることを示した。(田中敦、2011年)上田敏(2005年)によれば、生物レベル、個人レベル、社会レベルを統合した総合的支援に向けてICFは障害を「生きる」ことの全体のなかに位置づけて、「生きることの困難」を理解し、マイナス(障害)ではなく、プラス(生活機能)を重視した「生きることの全体像」を理解しようとするものであると述べている。改めて、ここではひきこもりの課題にこれを応用し、ICF国際生活機能障害分類との関連で示すと図14のようになるだろう。

　図14に示すように私たち一人ひとりは、健康であってもさまざまなストレスや加齢による変調をきたすのが人間のありようである。ひきこもった時点では非疾患であったとしても、ひきこもりが長期化するに伴って、二次障害などのさまざまな疾病・症状が現れることがある。なかには発達上の課題などを生来よりもっているひきこもり者もいるだろう。いずれにしても二次障害などの疾病である「機能障害」は適切な「治療」行為をすることによってある程度軽減できる医療保健領域レベルの課題である。しかし個人因子と環境因子との相互

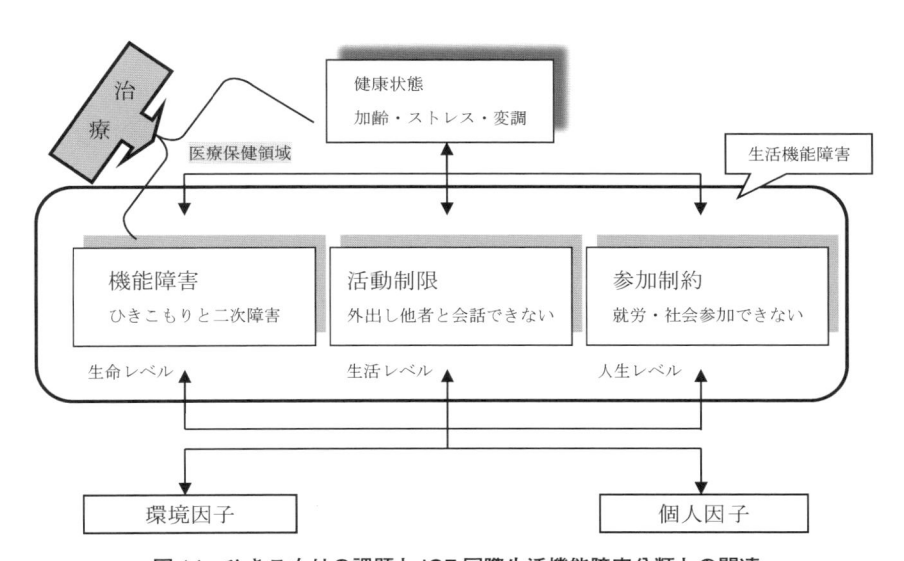

図14　ひきこもりの課題とICF国際生活機能障害分類との関連

作用によって派生するICFの生活機能障害における「活動制限」や「参加制約」は、医療保健領域レベルの治療では限界がある。とりわけ就労を含めた幅広い社会参加そのものが長期・高年齢化するひきこもりに伴い「活動制限」「参加制約」されていることについては無力と言わざるをえない。

3 ひきこもり支援とICFにおける理解

であるならば、「活動制限」や「参加制約」を含めたICF生活機能障害を軽減除去していくための総合的なひきこもり支援の検討が求められることになる。そこで先の図14を一歩すすめて、ひきこもり支援とICF国際生活機能障害分類との関連で示したのが図15である。それぞれ項目ごとに説明してみよう。

まず、「機能障害」としてのひきこもりと二次障害については、これまで述べてきたように医療保健領域レベルの課題であるが、そこにはひきこもりと精神障害や発達障害という苦労を分かち合い、彼らに対する共感と受容を行なう支援が求められる。ひきこもり者の多くは人生の旅の途上で非常に多くの困難のなか苦労をしている。そのことを分かち合う作業をしていくことが求められる。

そして「活動制限」では、上田敏によれば、ICFによる活動には現在「している活動」とまだしていないが「できる活動」があり、このなかで重要になるのは、「できる活動」のなかに、やろうとすればできる能力ともう一つ、本人さえ気づいていなかったような潜在的な能力があるとし、とくに後者の能力に注目する必要性を述べている。ひきこもり者個々人のストレングス（長所）を見つけ出し、エンパワメント（可能性を引き出す）していくために、外出や他者と会話することのできないひきこもり者に対しては、生きることを刻み育むことができる学びと、さまざまな自己を触発し意欲をつくりだしていく体験、さらには仲間（peer）と楽しくやれるどこか遊び心がある関係づくりがとても大切となろう。

また、「社会制限」としての就労できない自己には、まずもって就労したい気持ちになれない自己を責めたてるのではなく、または追い立てるのではな

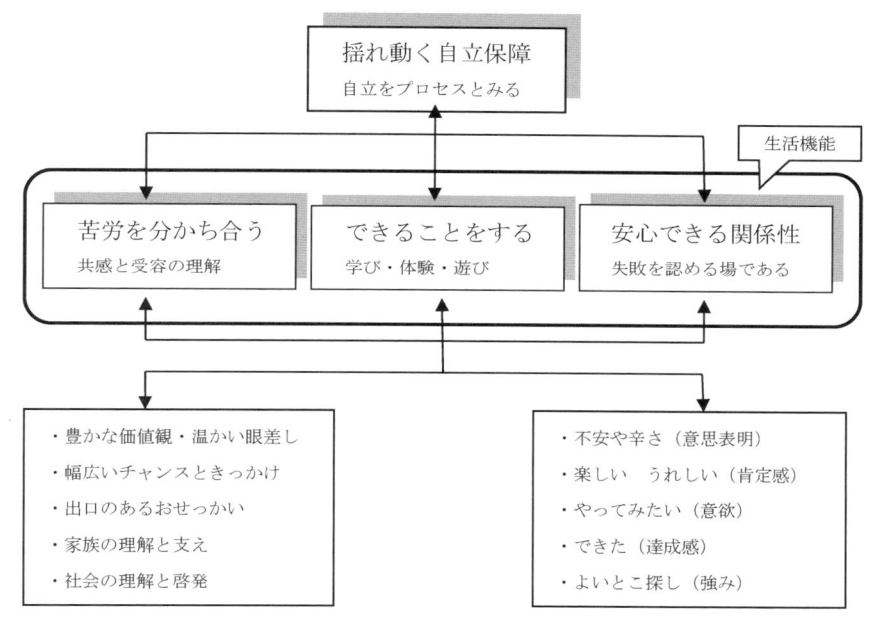

```
                    ┌──────────────────┐
                    │  揺れ動く自立保障  │
                    │  自立をプロセスとみる │
                    └──────────────────┘
                              ↕
                                              生活機能
┌─────────────────┬─────────────────┬─────────────────┐
│ 苦労を分かち合う │  できることをする │  安心できる関係性 │
│ 共感と受容の理解 │  学び・体験・遊び │ 失敗を認める場である │
└─────────────────┴─────────────────┴─────────────────┘
          ↕                                    ↕
・豊かな価値観・温かい眼差し        ・不安や辛さ（意思表明）
・幅広いチャンスときっかけ          ・楽しい　うれしい（肯定感）
・出口のあるおせっかい              ・やってみたい（意欲）
・家族の理解と支え                  ・できた（達成感）
・社会の理解と啓発                  ・よいとこ探し（強み）
```

図15　ひきこもり支援と ICF 国際生活機能障害分類との関連

く、安心できる関係性が求められ、安心して失敗しても認められる、そうした場の創設が求められよう。

　さらにそのためには、社会要因を社会促進として位置づけ、社会がもっと豊かな価値観をもつことが前提である。地域には温かな眼差しと出口あるおせっかい、幅広い社会参加へのチャンスときっかけを保障し、家族の理解と支えと同時に、社会のひきこもりに対する理解と啓発につとめる社会活動（social action）が求められる。

　これに対して「個人因子」はひきこもり者を一つの個性としてとらえ、抑制されがちな若者の喜怒哀楽の感情表出を保障することにほかならない。ひきこもり者がもつ不安や辛さを表出できる自己をつくりだしていくなかで、楽しい・うれしいという肯定感情を体験し、やってみたいという意欲と、できたという達成感の蓄積がやりたい継続したい意志と新たなる自己発見をつくりだしていく。

ひきこもり者の生育歴のなかには、恵まれない学校生活のなかで友人関係も限定され、自己達成感や自己充実感が十分経験されず、どこか消化不良になっているところが見られる。ひきこもり者は完璧主義的なところと周囲の目や評価に過剰に意識してしまうところがあり、就労における人間関係や失敗に対する恐れ、年齢的なプライドやこだわりも多々併せもっている。いかにして意欲と自信体験を多くし、自己達成感や自己充実感を蓄積させていくことができるかにかかっているといえよう。

　その意味で、支援者は人間の健康状態がストレスや変調をきたすものであるとするICF生活機能障害に基づけば、人間の自立とは揺れ動く自立プロセスそのものを保障することである。ひきこもり者の弱点ばかりに目を向けるのではなく、ひきこもり者に内在する内的資源に着目し、若者のよいところを見つけだす支援が必要である。

　また、上田敏が述べるように「活動、参加、個人因子及び環境因子の半分くらいは本人と家族の専門範囲だといってよい。本人たちが発言しなければ医療や福祉の専門家にはほんとうのことはわかりません」と指摘している。当事者の尊重と自己決定が述べられていることは支援のうえで、あらゆる過程において当事者が意見を表明できる状態に置かれなければならないという視点を見失ってはならないといえよう。

❹ ひきこもり支援に必要な実践哲学

　さて、私たちNPOでは若者支援のエキスパート実践研究者に協力を願い、2013年度に助成金事業としてのひきこもりピア・サポーターの養成のためのモデル研修会を実施してきたところである。（田中敦監修、2014年）そこにはひきこもり者がどうしたら社会のなかでいきいきと生活し、主体的に社会参加していくことができるだろうか、という問いかけを求めてきたことにほかならない。

　立命館大学の山本耕平研究室では、日韓の若者支援を研究する過程で、若者

たちが自らの課題を自分自身の問題として主体的に取り組む必要性を問い、韓国では非常に大きな支援機関である韓国ソウル市Hajaセンターの取り組みに注目しその活動の意義を見出している。

　Hajaとは韓国語では「やろう」という意味を指し、笑いながらやっていきましょうという思いが込められているという。1999年に設立した韓国Hajaセンター。一日の利用者は延べ約200人に達するという。韓国Hajaセンターが設立した背景には、韓国の居酒屋で若者の殺傷事件を契機に、学校でもなく、家庭でもなく、なぜ居酒屋だったのか、ということが大きな社会問題となったことや、IMFの経済危機後、多くの若者の失業問題にさらされたことがその要因にあった。学校や家庭でもないところで若者たちがさまざまな経験の積める居場所が求められた。世論の若者支援への関心が高まったことも加わって、韓国にある民間委託支援団体約30か所あるうちの一つとして、支援コーディネーター28人配置された年間総予算33億ウォン（日本円にして約3億円相当）の大きな支援団体となっている。

　すでに韓国では、日本にはまだつくられていない社会的企業法（2006年制定）や協同組合法（2011年制定）の法律が整備され、こうした若者支援をつくりだす支えになっていることも大きい。

　韓国Hajaセンターの実践は大別して二つある。一つは、若者の進路設計、もう一つは若者の社会的企業である。前者の取り組みには、作業学校という、旅をしながら学ぶ、新しいタイプの学校があり、わが国でいえばオルタナティブ・スクール（フリー・スクール）のような学校に通うことのできない若者が参加している。

　こうしたユニークな活動を支えている韓国Hajaセンターにはそれを支える素晴らしい実践哲学をみることができる。困っている若者は新しい地域社会をつくりだす主体者であり、競争・敵対・排除と闘い、社会的孤立を乗り越えていく仲間と出会い、新しい価値、新しい社会を創出する取り組みが韓国Hajaセンターをつくりだしているといえよう。韓国Hajaセンターの実践哲学には、次のようなものが挙げられる。

一つは、「若者自身が主体者である」ということである。つながりを失った若者たちは困った若者ではなく、これからの新しい社会をつくる可能性をもった人たちである、という素晴らしい理念である。

二つ目は、「競争・敵対・排除」に抗するということである。他者を傷つけ敵対、排除する競争がある学校や社会環境では、誰しも幸せにはなれないということである。これは現在の学校教育や企業組織にも考えてもらいたいことである。

三つ目には、「新しい社会をつくる」ことである。地域で活動して自分たちの価値を広げ、新しい社会をつくり広げていく実践である。

表4　日本と韓国との若者支援機能の比較例

日本	教育	訓練	プログラム
韓国	学び	体験	遊び

こうした上向きな思考理念で若者たちを肯定的にとらえて取り組む韓国Hajaセンターには、日本には見られない、若者たちとともに何かこれからやってくる希望に満ちた未来志向をもちながら実践する活動体そのものを感じ取ることができる。大まかにわが国と韓国の若者支援の着眼点の比較を示したのが表4である。

表4のように日本の若者支援のありようは、とかく教育－訓練－プログラム指向である。教育でいえば受験競争があり、有名校・就職に有利になる大学へ進学し名のある会社に就職すればよいという価値志向のもと、疲れ果てバーン・アウトしてしまい生きる目的が見失う形でひきこもりになっていく若者たちの姿があり、そうしたひきこもりの若者たちには何かしらの訓練が強化されている。そこではすぐ離職してしまう若者のありようを指摘し「そんなことでは世の中通用しない」という正論によってあらゆる変化し続ける現代社会に適応しうる期待される人間像になるため改造されるというものである。とくにそこで顕著なのが、人間関係力やコミュニケーション力、社会適応力に代表され

る「〜力」など、就職に際して求められるスキル・トレーニングである。相手の空気まで読み取れ、みたいな情緒的コミュニケーション力に象徴されるような、社会環境の不備をないがしろにした今ある社会にはめ込もうとする方法論は多くの若者支援に過度な負担を強いる状況となっている。その負の側面が陰りとして見えはじめている今日、もうそろそろこうした「〜力」にシフトした支援策のみに執着することの転換が求められて久しいと思うのは私だけではあるまい。

　また、ひきこもり者は知識と体験がアンバランスだといわれ、心身を鍛えあげる野外訓練に傾斜する傾向がある。しかしたとえ知識というものに偏っていても、その知識を在宅ワークなどさまざまな場面で体験的に活かすことで、このアンバランスをうまくコントロールすることは可能ではなかろうか。こうした複雑多岐にわたる人間関係力やコミュニケーション力などに疲れ限界を感じ排除されていく若者がニートやひきこもり、発達障害などになっているとすれば、それを訓練し社会適応させ続けることが何を意味するのかを再考する必要があるだろう。

　また、上からの目線で決められたプログラム支援は一律集団主義によるもので、それぞれの若者が主体的に取り組めるものではない。むしろ若者たちに内在する豊かな個性ある創造性はこうした哲学と方法論のなかでは十分に発揮することなく、どこかに消えてしまいかねないのではなかろうか。

　そのような観点から、わが国と韓国の若者支援の対比を見ていけば、図16に示すように韓国の若者支援は、学び－体験－遊びという実にユニークな機能に立脚した支援になっているところに若者たちの独自の大きな力のうねりをつくりだす原動力になっていると思われる。

　とくにこのなかで遊びは重要な要素である。日本のひきこもり者が漠然と何かしたいと思い描きつつも具体的なものが思いつかず行動できない背景には、創造性豊かな「遊び心」が欠落し、機械化された人間社会システムに順応し続ける日本の若者事情があるからではなかろうか。「遊び心」は多くの若者たちの心に揺さぶりをかけ、興味関心の触発と新たな社会を創出する斬新なアイデ

図16　韓国の若者支援にみられるパラダイム

ィアを生み出す可能性をもつものである。

　さらに、今日行なわれている教育もまた、本来の意図は共育の理念であるとするならば、学びは活きる希望を語るものであり、若者の内発的で主体的なものでなければならない。体験とは点数や業績などの成績化されるものに留まらず、どんな体験でも無駄なものはなく、失敗もこれからの歩みの糧となり、社会からは「こんなものが」というものが実は意外と若者にとって貴重な体験であったりする。そのように考えていくと体験をもっと幅広い多様なものとして若者が自由に生活全体を通してなされていくものでなければならない。

　韓国にはまだひきこもりという事実が公認されていないようだが、日本と同様なひきこもり者が数多くおり、韓国Hajaセンター内ではひきこもり支援に取り組むセクターが設置されている。Yooja salonがそれであり、音楽活動を通して若者の生きる道を切り開く取り組みが行なわれている。そこで共通して理解できることは、ひきこもりを弱々しい若者として捉えるのではなく、仲間としてみていることである。もちろん、専門職の支援者を否定しているのではなく、自分たちも支援者と一緒に若者支援に取り組み、ともによりよい社会につくりかえていこうとする韓国Hajaの実践哲学に私たちは大いに学ぶ必要があるだろう。

5 ひきこもりが問うこれからの生き方

　さて、本稿もそろそろ終結へと向かわざるをえない。近年みられるひきこもりの高年齢化の傾向は、ひきこもる若者たちのこれからの生き方を改めて問い人生を模索していかなければならないことを意味する。たとえ社会のなかで躓いても、そこから再び気を取り直して歩きはじめることができるリカバリーとエンパワメントは彼らの生き方を支えいくだろう。

　宮西照夫（2011年）は、日本の若者はなぜひきこもるのかを、次のように述べている。「ひきこもりを生み出す土壌をつくったのは私たち世代である。その責任は確かにある。しかし、ひきこもりの解決はそんなに難しい複雑なことではないと私は考える。社会での成功者でなくとも、一人旅に出て挫折したとき彼らを温かく迎えてくれる普通の家族と、そして、その旅の途上で立ち止まったときに声をかけてくれる、苦しみを共有できる仲間があればいいのだ」という。

　同様なことはJ. コールマン・L. ヘンドリー（2003年）も次のように述べている。「強調しておかなければならないことは、青年期の移行は必ずしもストレスに満ちた出来事ではないということである。もしサポートが与えられ、また潜在的ストレッサーが重ならないようにうまく調整されていれば若者は変化に比較的うまく順応するとつねに言えるのである」J. コールマン他は本文のなかで青年期の移行と語るが、たとえば、これを成人期への移行や就労への移行等にも置き換えることが可能である。それぞれの移行がストレスに満ちたものではなく適切な支えがあれば社会のなかでともに活きる可能性を見出すことができる、と考えられるのではなかろうか。そのための支援が総合的に行なわれていかねばならない。

　ひきこもり者は、実は多くを望んではいない。宮西照夫が指摘するように他者と同じように社会のなかで働き、暮らし、生きていければいいと思っている。この「フツウ」になりたいことを切望し、そうなれないことに彼らは悩ん

でいる。ひきこもりの解決が実は簡単だとする「フツウ」の人生「フツウ」の就職「フツウ」の結婚「フツウ」の生活といった、ここで語られる「フツウ」とはいったいどのようなものといえるだろうか。

　「フツウ」な若者になるために負担となることは、他者から見ると「どうして」と意外に思われることではないだろうか。無理をすればできる負担となることが周りに把握されず「できること」と勘違いされて、過度に求められてしまい、結果的に自分が辛くなる傾向がある。それを周囲にうまく伝えることができず、相手の何かが自分にとって負担となっていると伝えることで相手に対し不快にさせてしまう可能性があるように思い、吐き出さず飲み込んでしまう。そういうのが辛くて、そっとその場を離れていきたい気持ちになる。

　私はこれまでに職業を3回変わっている。その理由は仕事にはそれほど不満がなかったが、自分のキャパシティを少々超えていた実感があった。期待され、マネジメントを過度に求められる。あなたには「フツウ」にできると思わされる。そして気がつけば仕事はどんどん増えていく。これを拒めば雇用主に不快を与え、職場に居づらくなることを突きつけられる。「フツウ」への苦しみはそうしたところにもある。

　しかし、混沌とした現代社会の今にあっては、「フツウ」でない生き方も「フツウ」となる社会になりえるかもしれない。「フツウ」ということにそんなにとらわれないで、自分らしく生きていくことも認められてもいいのではないだろうか。

　ひきこもり者が働きたいと思っても、履歴の空白や年齢などが気になる。本当に大丈夫だろうかと不安を抱くことが多い。自分自身に立ち返った場合、一般就労経験よりもボランティアやNPOの仕事歴のほうが長い。こうした事実は周囲のひきこもり経験者を見てもそのようである。であるとするならば、こうしたNPOのような働き方が仕事になることができればよい、という思いは大きい。どんな小さなことでも人の役に立つことはその人のニーズに応えるだけではなく、自己の達成感と自信、希望をつくりだす立派な労働である。

　これからの時代は、ひきこもり経験があってもなくても社会では履歴の空白

などは思っている以上に大きなハードルにはならなくなるだろう。むしろひきこもり者自身の心のなかにつくられる壁が就労にとっての大きなハードルになることはあるかもしれない。職場は大きく変化している。学歴や学校歴が強調された時代は終焉を迎えるときがくるだろうか。これからは何を学んできたかという学習歴が問われる時代にならなければいけない。

　まだ、採用にあたっては履歴の空白などが見られることはある。しかしそれによってたとえ不採用になったからといって落ち込む必要はないだろう。不採用にする会社はひきこもりや自分に理解のない会社として見切りをつけることが必要である。必ずどこかに自分に理解のある職場・仕事の選択肢があることを信じることが重要である。

　たとえば、私たちNPOもいわば社会における一つの会社組織である。安定した報酬にまだまだ結びつかなくともお金は後からついてくる。正会員は法人の社員であり、その時点で履歴には空白が無くなったことになる。

　先に紹介したFさんもまた、現在NPO活動に参加しつつ、しっかりとした報酬はないものの、ひきこもりピア・サポーターから得る相談料、そしてFさん自身が自ら語る体験談を話すときに発生する講師料など、多額ではないがまったくの無収入ではない。

　ひきこもりの経験者のなかにある唯一の財産とはそうした自分自身の経験にあり、その経験を語ることがひきこもり資産の活用である（勝山実、2011年）とすれば、Fさんの場合も、社会活動としてひきこもりにかかわる仕事を長年続けており、その経験こそが今後の生き方の指針になっていることは間違いない。

　このような緩い社会参加を後述するように中間的労働と呼ばれるが、一般企業には気がつかない仕事に焦点をあてて、そこにひきこもりの価値理念を活かした仕事が望まれていることは、これまでの私たちの調査結果（田中敦監修、2013年）の回答数の多さからも把握できる。

　中間的労働は、2014年度から本格化する生活困窮者自立支援法のなかでも注目されている新たな働き方である。実践領域としてもまだ日が浅く、これから

のフィールドであるが、ひきこもり者がこれまで失ってきた自信をこうした中間的労働を通して体験を積み重ねるなかで力を紡ぎ、自分のやりたい自己の発見と意欲を高められる実践活動に期待が寄せられている。

6 親亡き後のひきこもり者の生き方を考える

　親の死を伏せて年金を不正受給する。将来を悲観して自死を選択してしまう。そこまでいかなくとも失踪して行方不明となってしまった。さまざまなひきこもりに関連する課題として取り沙汰され、将来への不安が錯綜しているのが、中高年ひきこもりの実情であろう。そのなかで現実として親亡き後を生きているFさんは今どのような思いで生きているのだろうか。

　Fさんは、日々一人の生活空間に身を置いていると、考えたくなくても「自分はこのまま生きていてよいのか」「身体が不自由になり動けなくなったらどうなるだろう」そのような不安感に襲われることがたびたびあるという。

　そのような状況のなかで、生きていくための哲学を模索していたときに「夜と霧」という著作で有名な精神科医のV・Eフランクル（2002年）の思想と出会った。フランクルは、「人生には無条件で生きている意味がある」と述べている。どんなに大きな苦しみのなかにあっても、その苦しみには「意味」がある。「苦しみ」に「意味」が与えられたとたん、その「苦しみ」は「絶望」ではなくなる。人間は最後の一息まで、生きる意味を失わない。Fさんは、このフランクルの思想に関心を寄せるようになった。

　ここでいう「意味」とは自分のなかから湧きあがるものではなく、そのときに行なっている仕事や関係をもっている人間関係といった自分以外の何かからえられる。その何かから自分が期待されているものがあり、その期待に対して誠を尽くして応えていくしかないのだとフランクルは言っている。つまり「自分が何を望むかではなく、自分が何を求められているのか」このような「観点の転換」を行なうことが、僅かながらFさんを前向きに生きていく方向に目覚めさせ、一人で生活していくための精神的な支えになっている。

ひきこもりの現象を考えるとき、社会的な要因や親の子育てをことさら問題視する傾向もあるが、Fさんは、そのような社会や家族をつくっている主体は自分自身でもあり、自分にも責任があるという。それは自己責任ではなく社会的な責任である。「誠実や真実」というものを社会や他に求めるのではなく、まずは自分が何をするべきか、それを誠実に実行できる人間でありたいといっている。Fさんの語ることは、競争社会や新自由主義といった今の時代に対抗できる思考の軸ではないだろうか。言い換えれば、「ひきこもり的思考軸」ともいえるのかもしれない。

　ひきこもっている人たちは、見た目は何もせずに楽な生き方をしているように見えるかもしれないが、一般社会で仕事をしている人たちが、仕事に追われて見えなくなっている「なぜ、生きているのだろう」とか「よりよく生きていく」ことを一人部屋のなかで考えることがしやすい環境にある。

　そのような意味で、ひきこもりは哲学者になりやすい。逆に言うと哲学者にはなれるかもしれないが、実社会では適応することが難しいとも言えるのかもしれない。

　それでは、親の死後を生活保護などのセーフティネットをえないで生活しているFさんは、フランクルの思想から学んだ哲学から、今後どのような方向で生きていくのだろうか。

　Fさんは言う。「現在ひきこもりを支援するNPOに籍を置き、部屋のなかだけでは実感できない、達成感や充実感は間違いなくある。おそらく、他の分野では、自分の資質や性格を活かすことはできなかったと思う。その点、自分が所属するNPOでは、自身ができることを中心に仕事ができる。

　たとえば、約3年続けているひきこもりで悩んでいる人たちの家庭に訪問するひきこもりピア・サポーターでは、受け入れてくれる家庭の親はもちろんのこと、ひきこもっている当事者からも私に来てもらってよかったと素直に言ってくれたことがあった。そのときに感じたことは、訪問当初、責任も大きいし自分にできるのだろうかという迷いもあったが、こんな自分でも認めてくれる人がこの世の中にいてくれたことがうれしかった。そのうれしさが率直に自分

の気持ちに響いた」

「自分を必要として待っていてくれる人は必ずいる」このことをＦさんが感じたとき、何が自分に求められているのかが、おぼろげながら見えてきたという。Ｆさん自身も悩みの渦中にある。だからこそ、その悩みをもち続けながらも、自分なりのペースで緩やかに人と接し、訪問を受けている側の人と自分自身がお互いに幸せになれるような生き方も可能ではないかと考えるようになった。

それは理想でしかないかもしれないが、このような自分なりの生き方の枠組みが見えてきたことは、フランクルの思想にある「人生から何を期待されているのか」に誠を尽くして応えている姿にも見えるのだ。

これからの十年は、親が生きていたこれまでの十年とは違い、Ｆさんにとっては生きにくい時代なのかもしれない「結婚もできないだろうし、どちらかといえば一人でいることが好きですから」と語るＦさんだが、若いときにそう感じていても、今後は身体の衰えや病気との闘いもあるのかもしれない。老後も一人でやっていけるのか。何の保証もない生活者であることは間違いない。

Ｆさんは、お金をたくさんえたいとか、名誉を欲しがるとか、そのような欲望はない。一人前に仕事ができないなら、半人前でもよい。その分お金ももらえなくてもよい。そのような半人前の人たちはたくさんいる。そのような人たちの多くは真面目で、他人に思いやりの心をもっている人たちでもある。そのような人たちと苦労を分かち合いながら、緩やかな社会参加ができればよいとＦさんは言う。

具体的には、自分なりにできる仕事をして賃金は多くを求めないワーク・シェア。安く部屋を借りてプライバシーを守りながら生活空間をつくるシェア・ハウス。地域の人たちと緩くつながりながら、孤立感を無くしていくコミュニティ・カフェ。それらを融合したような居場所と仕事場と生活の場が一つになったライフ・ステーションのような場所が、中高年のひきこりの人たちにとって必要な社会資源だと述べている。

また、東京や大阪、福岡などで展開されている「ひきこもり大学」（ひきこも

りがもつマイナスの考え方に学びの視点を取り入れて、前向きな発想に転換していく場所として、35歳のひきこもり男性が発案した取り組み。毎回ひきこもり当事者が講師となり体験や思いを伝えている）の主体的な学びの理念を取り入れて、社会にひきこもり者たちを融合させていくのではなく、ひきこもりの目線を取り入れた新しい社会をつくることができる当事者性を発揮できる人財育成を行なうことも大切だと語る。

　Ｆさんは、ハローワークに行って何か自分にできる仕事を見つけることも不可能ではないが、正規職員で採用されるには、自分を振るいたたせて、厳しい社会へ出陣する意思が必要だろう。そのために「ひきこもり的思考軸」を捨てて生きていくよりは、その思考軸を大切にして、苦しみや不安を同様に悩んでいる人たちと分かち合いながら生きていきたいと願っている。

　その願いを実現していくためにもＦさんは、現在続けているNPOで、自分が求められていることに誠実に応え作業を続けていきたいと語る。それによって自ずと道は開かれると信じている。

　高年齢で親が亡くなっているひきこもりは今後増えるだろう。前途多難であることは間違いない。しかし、まったく先が見えないわけではない。誰もがもっている自分のなかの誠実さが、先の見えない暗闇を照らす灯かりになるはずだ。「一隅を照らす」ということわざがある。暗闇をすべて明るくすることはない。自分のもつ誠実さをもって一隅を照らすだけでよい。オールラウンドに何でもこなせるような華々しさはないが、Ｆさんが行なう訪問支援のように地域のなかで悩んでいる人と対話することで自分を活かしていることは、Ｆさんだからこそできる「一隅を照らす」ことにほかならない。

　このようにひきこもり経験者たちが、それぞれの誠実さで自分を活かすことは不可能ではない。自信を取り戻しながら緩やかに社会参加していく姿を見せていくことが、現在悩み苦しんでいる人にとっての安心感や楽しみをもちながら生きていくことへの指針になるとＦさんは考えている。

7 広がる中間的労働の仕組み

　ひきこもりにとって働くということは人生を乗り越えていくうえでハードルとして非常に大きいものをもっている。それは「就労先がないから働けない」という一般論では語ることのできない課題をもっているといえるからである。では、どのような課題をもっているのだろうか。

　在宅にひきこもる期間が長期にわたっていくと歪な自己愛などが表面化することがある。資格や知識、高学歴になればなるほどさまざまな要因が付加し、プライドはあるが自信がない、そういったひきこもり者を多く見かけることがある。「こうなりたい」「あのようになりたい」と思っても現実はそうならない。「あなたのようなひきこもり経験者を採用してもいいという会社があるが」と問いかけても、すぐに決断して「行く」とはならない。「プライドがそれを許さないこと」もあるだろうし、「行ってからきちんとやれるだろうか」という不安と自信のなさで結局、断らざるをえないことがある。

　こうした「固着」を解き放すソーシャルワーク実践が、当事者性に基づくNPO活動である。そこでの親密な関係性がこだわりを緩め、自信回復をつくりだすきっかけとなりうる。NPOでの活動は幅広い意味での社会参加である。同じ悩みをもつ同士が集い、自由に語り合い、ときには徹底した議論をする。そこでの関係は対等であり、何でも言える場である。とくに対話が苦手とするひきこもり者には、動きのある活動が効果をなすことがある。リズムセラピーなどどこか「遊び心」があるグループ活動を通してひきこもり者の心をよい意味での揺さぶりをかけられる。

　また、一般就労へつなぐ「中間的労働」も注目されている。何を指して「中間」とするかはまだまだ定説があるわけではない。競争と孤立の間としての協同とか、雇われと排除の間としての承認とか、さまざまなとらえ方があろう。中間的労働は一般的には、一般就労と失業の間とイメージされがちで、はたしてこれで一生涯生活していくことができるのか、夢物語だけでは将来設計はで

きないのではないかという考え方もある。それはそれで間違いではないだろうが、同時にそのなかの一つとして最低賃金と無給の間という意味としてとらえる人もおり、いいように活用されてしまうリスクも伴う。ただ、卓上での議論で終わらせてはいけない領域でもあり、粘り強く実践を積み重ねていく必要がある。

　今さまざまなNPOや地域若者サポート・ステーションなどでこうした中間的労働の実践がはじまっている。千葉県では、すでにユニバーサル就労という形態が行なわれている。（一般社団法人ユニバーサル支援社会創造センター、2012年）ユニバーサル就労とは、どのような仕組みの働き方であろうか。

　私たちの周りには、いわゆる障害者雇用という範囲を超え、精神的・社会的な要因など、さまざまな理由で就労に困難を抱えている人たちが大勢いる。たとえば、知的・身体・精神障害のある人、就労ブランクがある人、ひとり親家庭の人、家族を介護している人、長時間働けない人、ホームレスの人など。ユニバーサル就労は、このように働きたいのに働きにくいすべての人が働けるような仕組みをつくると同時に、誰にとっても働きやすく、働きがいのある職場環境を目指す取り組みである。

　ユニバーサル就労は、これまでの雇う側の都合に合わせた型にはめ込む働き方ではなく、個人の抱えるさまざまな事情をとことん尊重した柔軟なシステムをつくりだす働き方である。そうすることで、スムースな人間関係が築けたり、思いもかけない大きな力を生み出したりする。

　ユニバーサル就労を進めるには、マッチング・ワークショップを行なう。マッチング・ワークショップとはこのようなユニバーサル就労に共感し賛同する企業とそうした職場で働きたいと思う人たちとの出会いの場をつくるワークショップのことを指す。すでに多くの企業では細切れ的に採用し雇用する今の労働形態では、この先々の企業の発展やよりよい人財を育んでいくことはできない限界に雇用主は気がつきはじめている。

　障害者に限らず、働きたいのに働きにくさを抱えている人と、ユニバーサル就労を進めたい団体との出会いの場をつくり、就労の場を一緒に考えていくワ

ークショップの試みは単なる金銭的価値のみで測られる商品化された人間のありようを問い直す機能をもっている。

　ひきこもりの就労で求められることは、一般就労と同等な仕事を目指すというよりは、就労を社会的役割としてもう少し幅広くとらえ、とりあえず自分のできることを「やってみる」ということであろう。NPO活動では、さしあたり自分ができることに取り組む。社会的経験がなくても自分が蓄積してきたひきこもり経験値を駆使して、さまざまな活動を「やってみる」ことを展開している。この作業プロセスには常に苦労がつきものであるが、途中で投げ出さない、最後までやり遂げることで「やりがい」を感じることが多い。また形あるものに仕上げることは、周囲からの思いがけない評価をえるきっかけになる。こうした何気ない他者からの評価は、ひきこもり者の自信回復に役立つ。

　人間の意欲、自信とはどうやったら回復し、前に進もうとする力をつくりだせるのか。それはひきこもり者自らが行動し体験してみないとわからない未知数の可能性を示唆するものである。

⑦ コラム　ひきこもり者の芸術的なセンスをのばす

　私たちは、さまざまな活動を通して、ひきこもり者がもつユニークな精神と感性のありよう、そしてその思考と着眼点に注目してきた。それはまさしくひきこもり者のもつ社会を創出する芸術的なセンス、アート（art）である。この素晴らしいセンスをのばそうとする取り組みを企画中で、その具現化の一つとして「北海道ひきこもり芸術展」開催に向けた準備が進められている。ものづくりを通して自分たちの力を表現し、多くの人たちに見てもらうなかで、ひきこもり者にもたれているイメージを払拭させたいという願いも込められている。

　内閣府子ども若者・子育て施策総合推進室「ひきこもり支援者読本」（2011年）のなかでも、彼らの向いている職業として「専門的・マニアックな知識やひらめきがいかされる仕事、人間よりもむしろ機械類や物を相手にした職業、

視覚認知的な能力をいかされる仕事、強い刺激と変化に満ちた職業」と述べられており、このなかからも芸術的なセンスを感じ取ることができる。

　本書のカバーのイラストはひきこもり当事者である高津達弘さんの作品である。彼はNPOが発刊する会報や助成金事業の成果物の表紙、そしてNPOの支援活動のしおりに至るまで精力的に手掛けるイラストレーターである。彼の内在する芸術的なセンスは多くの人たちを魅了させており、期待の星でもある。そしてこうしたアートはイラストのみに留まらず、文章からものづくりまでの作品にまで及ぼうとしている。もはやこうしたアートからはこれまで触れてきた、意欲や自信、希望を述べるまでもなく、すでに彼らのなかには優れた力を備えた選ばれし者だということに気がつく。

　アートを通して多くの人たちとつながり、社会を変革していく第一歩につなげたい。ひきこもり者の芸術的なセンスをのばす試みがはじまろうとしている。

7章 ひきこもりの解決とは何か

　本稿を終えるにあたり最後に、ひきこもりの解決とは何か、ということを一緒に考えてみたい。多くの識者のなかには、ひきこもり者が社会参加し、就労すれば世間一般から自立した者として称賛される。本当にひきこもりの解決とはそうしたことなのだろうか。そしてひきこもり者が高年齢化する傾向のなかで支援の解決をこれからどのように考えていけばよいのだろうか。

　これまで語られてきた、ひきこもりの克服であるとか、ひきこもりからの脱出という表現は、ひきこもり者本人からすれば何かしらの違和感があることが多かった。人と関係性をもって働きさえすれば、すべてひきこもりは完全に解決するのか、という長年の問いに対して整理がつきはじめたのは近年のことである。

　長年ひきこもりだった若者たちが社会に出て就労の場に参加していくケースが少しずつであるが兆しとして見えはじめてきたとき、ひきこもり経験者Gさんから次のようなことを聞かされたのがその発端である。

　「私は今でもひきこもりである。外出もできるようになり、仕事にも就いている。しかし私の心のなかには今でもひきこもり感情がどこかにあって、エレベーターに乗るときでも今でも一人だけ乗ってボタンを押して行きたいという気持ちになる。この人見知りをする性格は一生涯変えられないと思う」と。

　さらに続けてGさんは次のように述べる。「たとえひきこもり者が社会に出て就労したとしても自分に納得がいかないとすぐに離職するだろう。それでは結局は自立したことにはならず、挫折感だけが残るのではないだろうか」と。

　見せかけの自立では本当の自立とはならないことを意味する。またひきこも

り感情はどの人間にもある心の動きであり、誰でも辛くなるとひきこもりたいと思いたくなる。その感情を変えるというよりはどこまで自分は自分で良いということをあるがままに受け入れられるようになるかである。

そしてさらに続けてひきこもり経験者Gさんは次のように語った。「でも、ひきこもり感情が今でも私のなかにあっても、こうして働き続けることができるのは、私が仕事などで辛いことがあっても総体的に『楽しい』という感覚がどこかにあるからだ」と。

4割が辛いことがあっても6割は楽しいと思えるかどうかであるという。そうした60％の自立でよし、とする感覚がもてるかどうかである。ひきこもり経験者Gさんは仕事の合間を縫って今でもひきこもり当事者会活動に参画し続けている。別のひきこもり経験者たちも語っていたが、こうしたひきこもり支援はひきこもり者だけでなく、過去に経験をして今働いている人たちにも必要であるということである。むしろ仕事が軌道に乗るまでの道のりには幾多の試練があるから、支援としての役割は仕事をしていないとき以上に必要であることは前述してきたとおりである。

だが、真面目なひきこもり者に6割の自立で妥協できるようになるには、それ相応の時間と経験が必要であろう。また、総体的に6割の楽しさをこの競争社会のなかでどのようにつくりだせるかは難しい課題が残る。そこにはこれまでの仕事の働き方や生き方が問われることになる。そしてこのGさんから先ごろ次のような手紙を受け取った。

「今の仕事は土日も関係なく、休日出勤や超過勤務が多い職場である。労働者の権利として、あらかじめ予定があれば、希望を出して休むことはできる。ただ、私の今の状態では人と会って楽しく話をしたり、人前で何かを語る状況ではない。私がひきこもりになったのは1980年代のこと。ひきこもりから進学し就職したが、30年後に迎えた新たな苦しみである。この苦しみの経験を含めて、また人前で話せる日が来ることができればと思っている」

私たちは、就職して十数年を経過したGさんのことをひきこもりから回復した立派な社会人のひきこもり経験者として見て、それに続くひきこもり者の何

か手本ととらえてきたところがあったかもしれない。しかし、Gさんのなかには新たな苦しみをもって働いていることを気づかされる。Gさんのなかではまだひきこもりは終わっていないのかもしれない。

　また、Gさんは次のようなことを私たちに語ってくれたことを思い出す。それは「今度、当事者会を自分でもし立ち上げることがあるとしたら、おそらくひきこもりに特化したものにしないだろう。働いている人たちも悩みを出せる場をつくるかもしれない」

　まさしく、これまでひきこもりを支援することを目的にして本稿で書き進めてきたわけであるが、最終的な到達点は今日の状況はひきこもりも今労働している若者も同じ悩みに立たされているという共通項なのである。本書の目的はひきこもりを通して今の若者たちを考えることであったと結論づけることができるのではなかろうか。

　改めて今日の若者たちが置かれている状況と働き方を含めた生き方が問われているといえよう。そうした苦悩のなかにあっても一つの希望の兆しを見つけるために私たちNPOがひきこもり者たちの拠り所として地道に活動しているといえる。それは競争社会がこうした現状である以上、それに対抗しうるNPO活動を避けて通ることはこの先後々後悔するのではないかと思っているからである。その意味で私たちは未来に悔いを残さないために活動をし続けているといえる。

　これまでのひきこもり者一人ひとりの歩みを振り返るならば、多くのひきこもり者は人生の歩みで苦労をしてきていると感じる。その苦労とは、みんなと同じように進まない自己であり、他者より劣っていると思う自己、そして不安が幾重にも重なって方向性が定まらない自己など、その苦労が絶えない。

　しかし、近年ひきこもり経験者がこうした生きにくさや苦労を分かち合い、ともに活動する実践として自ら社会的に起業していく姿も多く見られるようになったことは一つの希望である。周囲の価値にとらわれずに新しい価値に基づく生き方を模索するひきこもり者が登場しはじめていることに注目していく必要がある。どんな生き方であれ、社会参加する楽しさを経験したいひきこもり

者を私たちNPOは応援し、自己達成感や自己充実感を味わえるような生き方が求められなくてはならない。

ひきこもりの解決とは、社会側からすれば、確かに就労自立であろう。しかしひきこもり当事者側からすればそれは多少とも異なるという視点をもつ。ひきこもり支援を早急に解決しようとすると親子は悪循環の渦のなかに入り込むことは、5章の家族支援を考えるで理解してきたとおりである。

ひきこもり者は、どこかで現状を打開したい、みんなと同じようになりたいという思いがある。しかし長年のひきこもり経験からの挫折や心の傷によってすっかり自信を喪失している。自己達成感や自己充実感を育み、失われた自信をどのように回復していくか。そこには、人間がもつひきこもり感情を全否定するのではなく、またそれを捨て去ることが解決ではない。自立とは揺れ動くプロセスととらえ、ひきこもり感情がたとえあったとしても、ひきこもり者が主体的にこれまでの経験を活かし、それを宝として育つことを認めていくことにほかならない。そうした揺れ動きのあるひきこもり者の苦労を分かち合い、共に活き希望を見出すひきこもり支援が今、問われているといえよう。

8 コラム　緩やかなネットワークの構築

　ひきこもりの近未来として「2030年問題」が指摘されている。斎藤環（2010年）は、ひきこもりの未来を予測して結果的に就労をしないまま親の保護のもと60代に達し老齢基礎年金を受給するひきこもり者の登場を指摘し、40代のひきこもりは少なくとも10万人は超えるだろう。若いときにひきこもった人が、社会復帰しないまま年をとっている。このまま行けば2030年には、60代の4分の1が単身者で、そのうちのかなりの部分をひきこもりの人が占める可能性があると述べている。藤森克彦（2010年）もまた直接的にはひきこもりには触れないものの今日の30代の若者が50代となったとき、50代男性の4人に1人弱が単身世帯となることを指摘している。両者とも社会につながれない人たちとして単身未婚の中高年ひきこもり

者への不安を募らせている。

　こうしたなかですでに60代に達した中高年ひきこもり者が現れており、より現実に沿った対応が求められている。その一つが単身未婚の中高年ひきこもり者が安心して生活できる「緩やかなネットワークの構築」である。ひきこもりの当事者会が全国にどれだけあるのか詳しい調査は行なわれていないが、サークル的なものも含めればかなりの数に及ぶものと思われる。

　北海道内にも各地域にひきこもり当事者会が立ちあがってきた。こうした当事者会が一同を会して横のつながりをもち、連携して取り組む事業の必要性が求められている。ネットワークは緩やかなものであることが大切で、それぞれの当事者会活動の持ち味を尊重し、また意見も相互に聞く姿勢をもつことである。お互いあまりもっていない力をそれぞれ出し合い、共有し、何か地域に創造する支援なり、新たな企画を展開することが可能になりやしないかと思っている。

　また、こうした「緩やかなネットワークの構築」は、近未来の単身未婚中高年ひきこもり者の孤立無援を予防する働きにもなる。これはお金をいくらつぎ込んでも買うことのできないネットワークである。駆け込み寺とは言わなくとも、何か困ったことがあれば話し合いができる場があるということは、ひきこもり者がたとえ家族が亡くなってもパニックを起こさずに助け合いのなか生活を営む方向性を見出すことにつながる。そうした緩やかなネットワークがあるだけでも家族もまた安心できるのではないだろうか。仮称；北海道ひきこもり当事者団体連絡協議会はそうした役割をもつ団体として組織化を将来的に目指していきたいと考えている。

引用参考文献

第1章
- 玄蕃まみ『年齢差別―仕事の場でなにが起きているのか』岩波ブックレット（2005年）
- 青木省三『時代が締め出すこころ―精神科外来から見えること』岩波書店（2011年）
- 斎藤環『社会的ひきこもり―終わらない思春期』PHP新書（1998年）
- NHK「無縁社会プロジェクト」取材班「働き盛りのひきこもり」『無縁社会』文藝春秋（2010年）
- 田中敦第6章5節「ひきこもり」山下英三郎・内田宏明・牧野晶哲『新スクールソーシャルワーク論』学苑社（2012年）
- Becker, H. S., Outsiders：Studies in the Sociology of Deviance, The Free Press, 1963.
- 境泉洋ほか『「引きこもり」の実態に関する調査報告書⑩―NPO法人全国引きこもりKHJ親の会における実態―』（2013年）
  玄田有史・高橋主光「孤立無業（SNEP）について―法務省『社会生活基本調査』匿名データによる分析―」（2012年6月）
- 田中敦監修「北海道ひきこもり生活支援ガイドブック」NPO法人レター・ポスト・フレンド相談ネットワーク（2013年）

第2章
- 久冨善之『競争の教育―なぜ受験競争はかくも激化するのか』労働旬報社（1993年）
- 中西新太郎「構造改革時代を生きる―子ども・若者の現在」地域民主教育全国交流研究会「子ども・若者の『生きづらさ』をどうつかむか」『現代と教育78』桐書房（2009年）
- 中西新太郎『1995年　未了の問題圏域』大月書店（2008年）
- 芹沢俊介・多田元・川北稔・梅林秀行「ひきこもり狩り―アイメンタルスクール寮生死亡事件/長田塾裁判」雲母書房（2007年）
- 佐藤洋作「コミュニケーション欲求の疎外と若者自立支援―「ニート」状態にある若者の実態と支援に関する調査報告書を読む―」『東京経大学会誌―経営学―』東京経済大学経営学会（2008年）
- 山本耕平『ともに生きともに育つひきこもり支援』かもがわ出版（2013年）
- 国際ソーシャルワーカー連盟（International Federation of Social Workers, IFSW）ソーシャルワーカーの倫理綱領 http://ifsw.org/resources/publications/national-codes-of-ethics/japan/

- 山下英三郎『修復的アプローチとソーシャルワーク』明石書店（2012年）
- 山下英三郎『いじめ・損なわれた関係を築きなおす』学苑社（2010年）
- 芹沢俊介『引きこもるという情熱』雲母書房（2002年）
- 中西正司・上野千鶴子『当事者主権』岩波新書（2003年）
- 向谷地生良『安心して絶望できる人生』NHK出版生活人新書（2006年）

第3章

- 浅利宏純・森本和子『ニートといわれる人々　自分の子供をニートにさせない方法』宝島社（2005年）
- 湯浅誠『貧困襲来』山吹書店（2007年）
- 中垣内正和『はじめてのひきこもり外来』ハート出版（2008年）
- 佐藤洋作、前掲書（2008年）
- 山本耕平、前掲書（2013年）
- 田中敦、前掲書（2012年）
- 広井良典『持続可能な福祉社会「もうひとつの日本」の構想』ちくま新書（2006年）
- 勝山実『安心ひきこもりライフ』太田出版（2011年）
- 田中敦「特集；ひきこもりは今—ひきこもり支援に今、求められているものは何か〜道内のひきこもり支援における動向を踏まえて〜」『心の健康第131号』北海道精神保健協会（2013年）
- 藤里町社会福祉協議会・秋田魁新報社『ひきこもり町おこしに発つ』秋田魁新報社（2012年）

第4章

- 田中敦監修、前掲書（2013年）
- 西郷泰之『ホーム・ビジティング訪問型子育て支援の実際　英国ホームスタートの実践方法に学ぶ』筒井書房（2007年）
- 西郷泰之、NPO法人ホームスタート・ジャパン『家庭訪問型子育て支援　ホームスタート実践ガイド』明石書店（2011年）
- カタナ・ブラウン、坂本明子監訳「リカバリー希望をもたらすエンパワーメントモデル」金剛出版（2012年）
- 神山新平『こどもニート、大人ニート』草思社（2008年）
- Robert sunley, New Dimension in Reaching-out Casework, social work, 13（2）, 1968.
- Deegan, Patricia, Recovery and the Conspiracy of Hope, Presented at There's a Person

in Here, The Sixth Annual Mental Health Services Conference of Australia and New zealand, Brisbane, Australia, 1996.
・チャールズ・A・ラップ／リチャード・J・ゴスチャ、田中英樹監訳「ストレングスモデル〔第3版〕」金剛出版（2014年）
・山中康裕「思春期内閉論」中井久夫・山中康裕『思春期の精神病理と治療』岩崎学術出版社（1978年）
・河合隼雄『大人になることのむずかしさ』岩波書店（1980年）
・J. S. ミル・塩尻公明・木村健康『自由論』岩波文庫（1971年）
・井上雅彦・吉川徹・日詰正文・加藤香『発達障害の子どもをもつ親が行なう親支援』学苑社（2011年）

第5章
・小坂田稔「社会福祉の立場から」厚生労働省平成19年度障害者保健福祉推進事業（障害者自立支援調査研究プロジェクト）相談支援モデル報告書『精神障害者及び家族の相談員制度の効果的運用』特定非営利活動法人全国引きこもりKHJ親の会家族会連合会岡山津山・きびの会（2008年）
・竹中哲夫『ひきこもり支援論―人とつながり、社会につなぐ道筋をつくる』明石書店（2010年）
・高岡健『不登校・ひきこもりを生きる』青灯社（2011年）
・E. ビクトリア・シューク『ハワイ式問題解決法　ホ'オポノポノ』学苑社（2008年）
・田中俊英『ひきこもりから家族を考える―動き出すことに意味がある』岩波ブックレット（2008年）
・田中敦監修、前掲書（2013年）
・厚生労働科学研究「地域精神保健活動における介入のあり方に関する研究」（2004年）
・A. マズロー『完全なる人間―魂のめざすもの』誠信書房（1998年）

第6章
・田中敦監修、前掲書（2011年）
・上田敏『国際生活機能分類ICFの理解と活用』きょうされん・萌文社（2005年）
・田中敦監修「ひきこもり地域拠点型アウト・リーチ支援事業報告書」NPO法人レター・ポスト・フレンド相談ネットワーク（2014年）
・宮西照夫『ひきこもりと大学生』学苑社（2011年）
・J. コールマン　L. ヘンドリー　白井利明ほか訳『青年期の本質』ミネルヴァ書房（2003年）

・勝山実、前掲書（2011年）
・田中敦監修、前掲書（2013年）
・V. E. フランクル・池田香代子訳『夜と霧　新版』みすず書房（2002年）
・「ユニバーサル就労システムガイドブック」一般社団法人ユニバーサル志縁社会創造センター（2012年）

第6章　コラム
・内閣府子ども若者・子育て施策総合推進室「ひきこもり支援者読本」（2011年）

第7章　コラム
・斎藤環『ひきこもりから見た未来』毎日新聞社（2011年）
・藤森克彦『単身急増社会の衝撃』日本経済新聞出版社（2010年）

あとがき

　厳しい雪国での冬の季節が終わり、凍りついた地面からはじっと耐えてきた新たな生命の息吹きを感じる季節へと着実に向かっている。

　ちょうど本稿執筆の最中に、大学生2人から卒論研究の一環として中高年ひきこもりを映像作品にまとめたいという申し出があった。話を伺うと他の学生たちが次々と手堅く卒論テーマを決めていくなかで、なかなか自分たちの卒論テーマが絞り切れず苦労していたとき、たまたまインターネットでNPO関連を紹介するサイトを調べていたら、私たちNPOのことが目に留まったというのだ。

　「何だろう、レター（手紙）?」「堅苦しい名前が多いなかでおしゃれな名前だなあ」興味本位にホームページを開いて読み進めていくと「中高年ひきこもりへの支援をするNPOで、役員全員がひきこもり経験者。当事者会を運営し会報誌の編集も自分たちでやっている」これはスゴイと思ったのだという。彼らのなかにはひきこもりの支援者は当然としてプロの専門職がするものというイメージがあったようだ。

　また、彼らはひきこもり家族会のスモール・グループ活動に参加したとき、そこに参加する親たち一人ひとりから語られる切実な声が今も忘れられないという。彼らのなかでは「ひきこもりとは家でずっとゲームばかりしている」そんなイメージだったという。しかし実際はそうではなかった。改めて軽い気持ちで活動を進めてはいけないと思ったと語っている。

　ひきこもりについてまったくわからなかった大学生たちが卒論研究という一つの機会から約半年間にわたり私たちNPOと活動をともにする過程で、ひきこもりは「大変だ」と思いつつも、それは「他人事ではない」と受け止めていった変化を感じ取ることができる。彼らは私たちNPO活動のことを次のように振り返っている。

　「ひきこもり者や家族は苦悩や葛藤を抱えながら生きているということである。ひきこもりになってしまったという結果だけを責めるのではなく、そこに

存在する悩み、葛藤、苦しみや痛みを理解していくことが社会に求められる」

「ひきこもり支援は積極的・能動的であればよいというわけではない。専門職による一般的な支援が正規労働に就かせることとして理解されるが、NPO法人レター・ポスト・フレンド相談ネットワークは、ひきこもり者自身が求めるものを提供する、という受け身の支援の形態をとっている。その意味で社会復帰という明確な結果が得られる方法ではないかもしれないが、ひきこもり当事者がつながろうと思ったときの一つの居場所になっている」

　私たちNPO活動に求められることは、あたかもそうであるかのように人為的につくられてしまう社会のイメージを少しでも変えていく努力プロセスにほかならない。完成した30分にわたるドキュメンタリー映像作品には、インタビューを受けたひきこもり者を中心に、私たちNPOに参加するひきこもり者の体験談手記も随所に活用され大きな力となっている。その収録された手記のなかに次のフレーズがある。

「自立するということは、普通に学校や仕事に行けなくなってしまった私たちにとって何よりも難しく不安に感じることもある。当然のように収入を得ている人に理解することは、なかなかできることではない。だから、それがわかる人たちで新しい道を開拓していきたい」

　いま全国各地でもがき苦しむひきこもり者が一人でも多く元気になり、彼らの素晴らしい経験値を活かしてそれぞれの地域で活躍していく日がくることを切に願ってやまない。

　最後に、本稿を執筆するにあたり、快くご協力をいただいた私たちNPOにかかわるひきこもり者や家族をはじめ、人生初めての単著出版にあたり最後まで親切にご助言いただいた学苑社の岡山邦夫さんにはたいへんお世話になった。岡山邦夫さんがいなければ本書はこうして出版する運びにはならなかった。この場借りて深くお礼申し上げたい。

レター・ポスト・フレンド相談ネットワーク　　田中　敦

著者紹介

田中　敦（たなか　あつし）

1965年北海道札幌市生まれ
1996年北星学園大学大学院社会福祉学研究科社会福祉学専攻修士課程修了
2001年〜北星学園大学附属高等学校「教育相談室」相談員のほか、大学で講師をつとめる。

現在　特定非営利活動法人レター・ポスト・フレンド相談ネットワーク理事長

著書　「新スクールソーシャルワーク論　子どもを中心にすえた理論と実践」分担執筆その他論文等多数

苦労を分かち合い希望を見出す
ひきこもり支援　　　　　　　　　　　　　　　　　　　Ⓒ 2014

2014年 5月 20日　初版第1刷発行

著　者　田中　敦
発行者　佐野　正
発行所　株式会社　学苑社
東京都千代田区富士見 2-14-36
電話　03（3263）3817（代）
fax.　03（3263）2410
振替　00100-7-177379
印刷　倉敷印刷株式会社
製本　株式会社難波製本

検印省略

乱丁落丁はお取り替えいたします。
定価はカバーに表示してあります。

ISBN978-4-7614-0762-9
C0036

新スクールソーシャルワーク論
▼子どもを中心にすえた理論と実践

山下英三郎・内田宏明・牧野晶哲 編著
A5判／並製　本体2500円＋税

日本社会福祉士養成校が定めたスクールソーシャルワーク教育課程認定事業のシラバスに基づいて編集され、SSWを「子どもの側からの実践」とするために大切な理論的な事項や実践展開におけるポイントを詳述している。

分かりやすいソーシャルワーク実践
相談援助・自らを問い・可能性を感じとる
▼子どもたちとの関わりを中心に

山下英三郎 著　A5判／並製　本体2000円＋税

ソーシャルワークやソーシャルワーカーの役割や機能及び考え方や活動について日常の語り口で易しく述べる。

いじめ・損なわれた関係を築きなおす
▼修復的対話というアプローチ

山下英三郎 著　A5判／並製　本体1800円＋税

いじめ問題に焦点を当て従来の対応法の限界を指摘し、修復的対話の考え方と、学校現場に用いられている様子を報告する。

ハワイ式問題解決法ホ・オポノポノ

E・ビクトリア・シューク 著　山下英三郎 訳
A5判／並製　本体2300円＋税

ホ・オポノポノとは、ハワイの先人たちが人間関係を平和的に維持するためにとってきた問題解決法である。

ひきこもりと大学生
▼和歌山大学ひきこもり回復支援プログラムの実践

宮西照夫 著　四六判／並製　本体2000円＋税

不登校・非行・ひきこもりになったわが子
▼悩みを乗りこえた母親たちの声

岡田真紀 著　四六判／並製　本体1800円＋税

発達障害の子どもをもつ親が行なう親支援
ペアレント・メンター入門講座

井上雅彦・吉川徹・日詰正文・加藤香 編著
B5判／並製　本体1900円＋税

ペアレント・メンター活動ハンドブック

井上雅彦・吉川徹・加藤香 編著　日本ペアレント・メンター研究会 著
B5判／並製　本体1900円＋税

インクルーシブ教育の実践
▼親と地域でつながる支援
▼すべての子どものニーズにこたえる学級づくり

コンスタンス・マクグラス 著　川合紀宗 訳
A5判／並製　本体1600円＋税

アジアのソーシャルワーク教育
▼ソーシャルワーカーを取り巻く現状と課題

日本社会事業大学社会事業研究所 編
大橋謙策・植村英晴・山下英三郎 監修
A5判／並製　本体1900円＋税

〒102-0071 東京都千代田区富士見 2-14-36　**学苑社**　tel 03-3263-3817　fax 03-3263-2410
http://www.gakuensha.co.jp/　すべて本体価格の表示です